築夢進行曲 4

顯化豐盛，遇見未來，
讓心想事成，美夢成真的10堂課

主編◎林裕峯

系列來到第四集，見證更多優秀人才

／林裕峯

經歷過疫情、經歷過全球性的不景氣，也經歷過身邊親人以及朋友的不同遭遇，見證生命的無常。地球依然在運轉，世界依然充滿著希望。

而我們的築夢進行曲系列書籍，也進展到了第四本了。

從2017年啟動這一系列到現在，也正是我本人不斷精進思考人生的歷程。很感恩這一路以來，我一邊透過講課與眾人互動，一邊也跟各行各業的好友們做交流分享。我真正學到很多，也真正感受到身邊充滿了故事，有那麼多絕境逢生自立自強的案例、那麼多化不可能為可能的奇蹟、那麼多令人聽了熱淚盈眶的感動。我發現，身邊的人可以成就好幾百本書都不為

過，感恩因為這世上有那麼多願意打拼，不斷願意自我突破、追求卓越的人，所以人類的生活才會更加美好。

在本次築夢4專書裡，我們收錄了十位也是不同類型的經典。如同往例，我們書中編輯的故事，不會著重在同一類型，因此我們介紹的人物，有的成就千萬身價，有的卻只是默默在各自領域服務的專業人士；築夢的人，有大老闆、成功企業家，也有民俗療法、心靈老師等不同民間產業的朋友，在本輯還第一次邀請了偵探產業的專家加入。也可以讓讀者們，在學習不同人們的奮鬥心法時，也能初探不同職業的工作面貌。

本書分成四大篇章，如同前面的系列專書一般，邀請了來自不同產業、不同背景的朋友，分享不同的築夢故事和築夢心得。

四大篇章，依著以下順序，每一個篇章邀請二至三位朋友分享：

●青年立志篇

這幾乎是系列每本書固定的一個單元，因為青年創業，總是很好的激勵題材。也藉由出版來鼓勵這些年輕人繼續打拼。本篇包含：

＊優秀科技人，如何懂得人生轉型，創造生涯第二曲線：張哲豪

＊重新定位業務的使命，三十歲就已攀登業績高峰：劉弘文

＊青年摸索職涯，勇於挑戰未知，二十歲就能賺大錢：張若庭

●谷底再生篇

每個人都或多或少經歷過人生低潮，失業、失戀或人生不同階段的失意落魄。重點是碰到重大打擊如何谷底再爬起來？本篇包含：

＊走出喪子的傷痛，平凡婦人變身護眼銷售天王：陳乃菱

＊就算是人生浮浮沉沉的小人物，也能活出自己一片天：宥靜

●成就典範篇

人生不一定要以「賺多少錢？成就多大事業？」做為成功與否評量，但如果有成就事業的企業家，依然值得我們學習。本篇包含：

＊事業不斷開創新局，同時追求生活平衡，房地產創業老闆：**阮智偉**

＊從前是作育英才的校長，現在是健康事業的推手：**姚璠**

●專業濟世篇

本篇我們接觸到三個平常較不常見的產業，三位主人翁，出身自不同背景，如何經營他們所處的獨門事業，做出有聲有色的典範績效。本篇包含：

＊打造偵探產業新標準，偵蒐也能創業助人：**柳欽貿**

＊獨創特殊民俗療法，上承天命的瀟灑醫者：**黃于邵**

＊重新與家人戀愛，找回家的價值，專業塔羅牌師：**李冬梅**

目錄・CONTENT

專業濟世篇

Part 1

青年立志篇

思維探討：怎樣成為人中人？今天成功，就代表未來成功嗎？怎樣長期成功？

築夢銘言：永遠做得比原本職位所需要的還要多一點

人生務必要懂得創造第二條曲線

張哲豪

這是張哲豪時時在思考的問題：

「也許此刻的我表現優異，也許我的成就備受上級肯定，

但今天讓我累積成就的這套模式，是否五年十年後還依然適用？

今天我能成績達標是因為專業？因為人脈？還是只因為我年輕？

如果我的專業，只限於這個產業，那哪一天我若失業是否就找不到出路？

如果我的人脈，只因為人們看重我的身分，那當我離職是否謝謝再聯絡？

更何況我不會永遠年輕，如果哪天體力衰退，我還能安於其位嗎？」

這是哲豪在人生任何階段都會深思的問題，

所以世上沒有絕對的永恆，時時保持待變的動能，才能掌握人生。

◈ 一個聰明的孩子

在校的時候，他就是個資優生，所以後來他能一路以優異成績畢業，並且很快的就被上市企業高薪聘用，一點也不讓人意外。

然而必須說，他是個很不一樣的資優生。某個層面來看，他也不是個乖學生，因為他不愛寫作業，總愛拿別人的功課來抄，最氣人的一點，他抄了別人的作業，結果他的分數還比被抄的同學高。

這就是張哲豪，一個從小就被稱讚是「很有想法」的年輕人。

如果說，**人生有一句甚麼話可以適用在所有場合，那張哲豪會說：「凡事沒有標準答案」，他的意思就是「這世間唯一不變的一件事，就是每件事都會變」。**

人生大事如此，更何況是學校作業這種小事？

從學生時代他就發現到這個重要的道理，這世上沒有誰對誰錯？只有因時因地制宜的適不適合。就好比，今天你穿這件衣服在家鄉被稱讚是帥哥，到了其

他城市可能被認為是老土，還有今天老師跟你講的大道理，也許只適用在大家都安分守己的社會，如果應用在爾虞我詐的都市叢林可能就不切實際。事實上，更多時候老師的話只適用在一個場合：那就是考試的時候。關於這點哲豪心知肚明，所以平常不一定是那種對老師畢恭畢敬的學生，但他非常確認的一點就是：老師講課時特別強調的地方一定要熟記，因為考試一定會考。而許多學生很白目的一點就是，平常死命讀書，結果偏偏只看書不去記老師講的話，後來考試成績不如意就不要怪誰了。

所以長年來總是班上第一名的哲豪，**不是最用功的孩子，卻絕對是最會「抓重點」的人**，因此班上同學總愛跟他借筆記本，可惜就算抄得跟他筆記一模一樣也沒用，因為同樣內容，哲豪可以理解哪些是重點，其他人就只會死記硬背，考試題目一旦換個陳述方式，腦袋就卡關。

而哲豪是個不愛寫作業的人，因為他比較喜歡花時間去開創及學習，不愛做那些制式的功課。而當他要找看有沒有人願意借他作業抄？一點都不困難，所

謂「禮尚往來」，大家平常都跟哲豪借過筆記，因此現在作業借他也是應該的。而哲豪也只選每個科目中作業表現有被老師稱讚過的同學，並且他絕不會照抄，而是由同學作業中找出基本原理融會貫通，再以他的方式來重新詮釋，他很清楚的知道，**作業沒有對錯，而是符不符合「老師的風格」**。這點哲豪非常擅長，因為他可以從過往作業評分中分析出每個老師關注的重點，對症下藥、投其所好，所以最終反倒是抄別人作業的張哲豪，得到最高分。

哲豪不是甚麼博聞強記的天才，也絕沒有想要當個投機取巧的人。

他只是很懂得審時度勢做出比應有水準高一點點的表現，然後他就脫穎而出。

學生時代如此，長大入社會後也是如此。

◈ **哲豪的職場哲學**

怎樣才能在職場表現受到青睞呢？

就如同在學校的表現般，張哲豪的做法就是「總是做得比長官要求的多一點」，**他從小就已養成一個**

習慣認知：表現好，那只是「本來就該做到的」，真正的表現，從「超越基本分」做起。

所以後來進入職場，擔任工程師，哲豪很快地就成為同儕中的佼佼者，他在還相當年輕的年紀，就已在上市公司擔任高階主管。

當別的同事心中想的是「今天我達標了」，或「快下班了我要回家休息」這類的事，哲豪想的卻是完全不同高度的事，他想的是我該怎麼把這件事完成才能對公司最有助益？甚至他會想，公司目前這樣做法對嗎？是不是可以有更好的方式？

總之，**當他還是基層員工時，他就已經用主管的腦袋在思維，當他升任主管，他還是持續以「更高位階的主管」心境來思維。**所以他步步高升一點都不奇怪，也從來不會發生「彼得原理」所描述的困境：在一個等級制度中，每個職工趨向於上升到他所不能勝任的地位。哲豪總是在原本職位表現得超乎預期，當有更高職位賦予他重任時，他早就準備好了，因為他早就以更高的視野在處理事情。

但哲豪也不是那種安於其位的人，就是說他從來不會認為自己該在一家公司從一而終，因此即便在一家公司做出優異成績，也已經被看好未來升官沒問題，但往往哲豪還是選擇轉換到另一個職域。

　　因為這世上能夠基業長青的企業又有多少？就連曾經是世界百大企業的知名集團都可能破產，今天的冠軍企業，不代表十年後不會被淘汰。如果說公司自己本身都不能保證永續，那身為企業的一分子，就更不需要被綁死在「忠誠」、「資歷」這類的思維，**當大環境是時時變動的，企業本身也都是不固定的，那所有這些職場道德倫理都是假議題。**

　　總之，身在甚麼位置，就把那個位置應有的表現做到極致，但不要去想說某個職位後面有哪個職位等你？或者夢想著怎樣財富累積，今年年薪兩百萬，明年三百萬等等的。

　　哲豪認為，所有的體制以及系統機制都只適用「此時此刻」，不該依賴誰或想倚靠任何組織養老，唯一該聚焦的就是時時跟得上時代需求的「自己」。

◈ 職場初試啼聲

　　某個角度來說，哲豪是很「現實」的，這裡不是說他待人接物很勢利，而是他看待事物都可以看到背後的真相。

　　就好比學生時代，別人考試都執著於分數，哲豪卻清楚地知道，分數只是學生用來炫耀的一種假象，真正有用的是抓住一個學科的「原理」，當出社會時，「能不能實用」比那一張紙上的分數考績要重要。

　　畢業後第一份工作，是在一家電子中小企業，哲豪輕鬆的就當上高階工程師，也由於他總是表現得比他所屬職位要高的實力，因此不意外地，他很快就被上市上櫃公司挖角。

　　那是一份影響他很深遠的工作，重點不在薪資福利多寡，而在於那裡有一個伯樂，那是個可以一眼看出哲豪未來前途不可限量的老闆。

　　當時受邀去那家光電半導體集團，是由處長直接面試，由於是採個別利潤中心制，因此身為該單位最高主管，那位處長就等同是老闆。

進公司做面試報到時，公司 HR 就跟他耳提面命一些注意事項，還要他填寫英文考卷，另外要他註明薪資。

　　才二十幾歲，個性尚未修煉到後來那麼圓融的哲豪，就毫不客氣地指稱，這些流程毫無意義。如果面試後，他符合公司需要，大家再來談那些細節，不然做這些都是浪費時間，因為若後來志趣不合，幹嘛前面要浪費彼此時間去考試填資料？

　　HR 聽了很不高興，直接跟處長報告，然後看著哲豪進去面試，心想我看你有多了不起？大概三兩下就被轟出來吧？

　　沒想到，哲豪進去和處長這一聊，就談了超過三個小時，雙方理念契合，談話談到都忘了時間，當然哲豪當下就被錄取了。

　　當他走出處長辦公室，HR 已經奉命等在那邊，告訴哲豪，那請你下周一早上九點來報到。

　　哲豪當時就問 HR，不是要填英文試卷嗎？現在我可以填了。

　　結果 HR 白他一眼，意思是你都錄取了幹嘛還尋

我開心？

　　其實當時哲豪並沒有其他意思，沒故意刁難 HR，他只是單純地想，現在確定我願意來這家公司了，那現在來做測驗等等的，就比較有意義。

　　可以說，哲豪當時個性還是比較單純的，但他的專業沒得挑剔。當時公司的計畫是研發出一款新機種，依照慣例，同時會有兩組人依照兩種模型做投入，這樣子當其中一款失敗了，才不會一切又要從零開始。

　　哲豪身為新進人員，先是跟另一位夥伴，被分配在一個經理旗下，三人組一個 team 工作，但沒過多久，哲豪的能力就被凸顯，後來處長直接安排他跟自己一組，經理則帶著另一個夥伴是另一組。

　　名義上哲豪的上司還是那位經理，實際上他的工作已經是直接對老闆負責。

◆ **碰到職場貴人**

　　同樣是工程師，哲豪的表現跟其他人有甚麼不一

樣呢？難道他 IQ 比較高，擁有愛因斯坦的資質？

其實哲豪的表現能夠被稱譽，能力只是基本的，其他高學歷畢業的工程師也可以跟他一樣，重點在於做事態度。

一個人願意多花點心思投入工作，而不是每天等下班或計較福利多寡，只要多用「一點」心，成就就不一樣。

哲豪會被處長選為直接的配合對象，正是因為他不是個普通員工，他不是聽話乖乖做事的那種人，而是不需要主管開口就能主動完成任務的人。哲豪身上總是充滿著對工作的熱情與動機。

他的老闆也就是該利潤中心處長，自然還有很多繁忙要務，所以說是兩人一起研發機種，主要還是靠哲豪。

如果凡事要等處長發號施令再來進行，那肯定每個環節都會卡關，因為處長那麼忙，不可能來協助每個細節。所以哲豪在一開始受邀加入這個 team，他就有自知之明，大部分的事情都要設法自己解決，既然

有這樣的心理認知，所以後續反倒工作很輕鬆。

有一回處長在一旁做實驗，突然發現一個程序漏洞，於是轉過身來提醒哲豪要留意。哲豪則老神在在的繼續他那部分的測試，然後說他昨天已經知道了，並且他採取了甚麼方式來解決。處長聽到愣了一下，然後點點頭笑笑又回頭繼續他的實驗。

哲豪對這個處長很感恩，即便他後來轉換跑道去到其他公司，甚至最終跳出這個產業，但那位處長依然是他保持聯絡的好朋友，同時也是他經常問候的長輩。他感恩這個處長，帶給他成長，從處長那邊收穫最多的反倒不是專業領域的東西，而是待人處事的態度。

這個處長有心栽培年輕人成長，甚至他也知道哲豪終非池中物，總有一天會離開這裡，但他依然願意盡其所能把所學告訴哲豪。

由於制度上，哲豪的上面還有個經理，他跟處長理論上若談話算是越級關係。因此懂得份際的哲豪，會選在那位經理外出時候，再與處長長聊，有時候一進去就三四個小時。

其他同事都以為，肯定碰到技術上甚麼難題，要好好溝通討論。實際上只有哲豪自己知道，在處長辦公室裡，真正技術方面的事，談個十來分鐘就定案了，其餘兩三個小時，處長都在跟他聊事業經營，甚至談人生道理。

當下哲豪自己也很納悶，奇怪，跟我這個工程師聊經營管理幹嘛？這不是應該是對我名義頂頭上司那位經理談才對嗎？

然而，不久後哲豪就知道，處長的用心良苦。

當初處長跟他傳授的經營管理智慧，隔年哲豪就派上用場。

◈ 活用技能身負重任

如今回想起來，哲豪覺得處長簡直有預知能力，他似乎早已看出哲豪之後會受聘去其他公司擔任管理職，因此就傳授他那些唯有當高階主管才須懂得know-how。

其實哲豪本身雖是肯做事的人，在專業領域也總

是表現出超乎企業需求的付出，得到讚賞。但畢竟是理工科系訓練出來的，年輕時代思慮並沒有那麼周延，很多事他都是事後才想通。

例如有了第一份學校剛畢業擔任工程師的專業及能力，在第二份任職時，很快被看見特質，同時每天都兢兢業業做事，與跨部門溝通協調。當有次升遷大會場合處長評價他：哲豪啊！這個人不錯，那些別人不想做的事，他都願意做。

當天哲豪聽到這句話，內心第一個反應是生氣，雖然那是同仁歡聚的場合，所以他敢怒不敢言，但他覺得為什麼公司這樣評價他？好像意思就是張哲豪這個人表現不錯，只是願意去撿別人不做的事來做，總覺得這不算是褒，而是一種酸酸的諷刺。

直到又過兩三年，哲豪歷練又更多了，才體會到當時處長其實是真心讚美他，那是因為當今職場上，這是種難能可貴的品性。那些比較燙手山芋的事，大家避之唯恐不及，因為做了惹麻煩上身，事成了薪水不會增加，事情弄砸了卻要負責。大家明哲保身，誰想沒事來扛責啊？

所以哲豪願意做別人不肯做的事，他被認為是很有潛力的年輕人。事實上也是如此，正因為他甚麼事都願意做，不挑事的他才能快速累積經驗及學習到很多新事物。

　　並且重點還不只在專業學習累積，而在心態習慣養成，從第一年就願意把事情擔當起來，這養成日後哲豪做甚麼事，都不計較，願意多做些，也總不拒絕新的嘗試機會。這也讓他很快就比同儕晉升得更快。

　　後來遇到這家上市公司處長，又給了哲豪許多的人生指引。很快地，就有一家公司來挖角哲豪。

　　那是另一家也是知名的上市公司，當初要找的其實是一個新技術部門的領頭羊，類似經理兼研發的工作，沒想到當哲豪去面試的時候，其談吐的深度震懾了全場，在場的最高階主管當機立斷，邀請哲豪擔任另一個職位。

　　這個職位其實就是類似以前處長的那個職位，要負責部門的營運，包括訂定年度計劃、計算盈虧、管理整個部門的資源。在帶領團隊時，哲豪秉持著共

好、共利、共享的原則同時，心存善念。

那時候哲豪就心想，處長，你真是神，竟然已經神機妙算到我未來需要用到這些管理技能，當初這樣教導我。內心充滿了溫暖與感恩。把處長當做學習標竿。

◈ 在職場上功成名就的訣竅

從正式入社會二十多歲到後來近四十歲時跳出電子科技業，這中間哲豪轉換過五家公司，從最早的工程師，到後來受聘擔任的都是高階主管，諸如經理或處長職。

哲豪總是比同年齡的朋友坐在更高的職位，賺更多的錢。後來也有晚輩跟他請益職場奮鬥的訣竅。哲豪總是說，如果想問我職場厚黑學，或如何在複雜辦公室生態中運籌帷幄？老實說這不是我專長。哲豪說做人做事本就該勤奮誠懇，耍心機不是他的風格，而他能夠年紀尚輕就身居高位，重點還是那句話：願意比別人多做一點。

這種習慣養成後，真的自己都不知不覺應用起來。例如：哲豪曾經奉派去大陸出差，他當時的任務是要負責跟工廠端不同窗口接洽，做好溝通角色。然而除了最開始是主管指派他的任務外，後來的出差都是哲豪自己基於工作需要安排的，他從來不需要主管煩心，自己把進度都規劃好好的，也連結好所有廠商的脈絡。

乃至於後來有一次大老闆有海外的大計畫，當時是由哲豪的經理跟他去中國洽公，理論上哲豪只是經理的助理，結果到了中國才發現，經理這也不熟那也不懂，反倒每件事都得依賴哲豪來協調洽商，也就是說哲豪從前就已經在做經理應該要做的事。

可想而知，他後來可以一次又一次承接更高階的職位，真的名符其實，哲豪就是已經完全準備好，可以勝任。

而談到怎樣才能更有效率達成工作使命，哲豪的做法也還是那句話，植基於凡事願意多做多學，他本來就比別人多會一點點，所以當別人會卡關的地方，哲豪可能已經透過先前的經驗，自己摸透竅門了。

當年他和上市公司處長共事，兩人一起研發新機種時，哲豪也是幾乎不會去煩處長，所以當哪天哲豪來找處長，處長就知道一定是真正碰到比較大的問題，哲豪才會來找他。

　　即便如此，哲豪也絕不會空手而來。總是類似這樣的對話：

　　處長，我這邊模組化時碰到一些不相容的困難，關於此，我已經做出研究找到三個可行性方案，方案一⋯⋯方案二⋯⋯方案三⋯⋯，我個人覺得方案一似乎比較可行，但這牽涉到後續整個任務方向，所以還是要跟處長請示。

　　這就是哲豪溝通的方式，他不是碰到問題就兩手一攤跟長官求救，而是真的經過自己努力，有一定程度的解方，才來尋求上級的意見。

　　從這裡就可以看出哲豪能在科技產業發光發熱的人格特質。

◈ 醍醐灌頂的面試

然而已經在科技產業歷練這許多年，以他的資歷前途也被深深看好，但為何哲豪後來還是會跳出科技產業呢？

一個關鍵，是在民國 106 年的時候，當時他在某個高科技公司擔任高階主管職，同樣也是有個機會有其他公司來挖角。

以結果來說，那回面試後來哲豪沒有跳槽，但當時面試主官給予他的分享，大大的震撼了哲豪。

原來當時的背景，哲豪已經成家，他的小 Baby 在那年出生，他必須承擔更大的人生使命，可是同時他也碰到工作的瓶頸。

不是工作技能的瓶頸，而是生活分配的瓶頸。

當時哲豪所服務的那家高科技公司，薪資水平還不錯，但總體來說，就是「拿命來換錢」的概念。

他每天早上八點上班，往往要工作到晚上九點十點，做到半夜也是常態。106 年哲豪當爸爸了，有時想早點回家看孩子，但身為主管的他，卻身不由己，

公司這邊會給予責難，訂單滿滿全廠趕工，你是主管要帶頭領導，怎麼可以「那麼早」下班？

那回面試，那個總經理雖然知道哲豪最終沒決定要跳來這家公司，但他覺得哲豪是個人才，就跟他分享一個重要的人生智慧。

那位總經理說：**一個人在職場上，除了本業外，一定要備有第二條曲線。**

當你只有一條曲線，那畫出來的會是個先昇後降的突型曲線，可能當你年輕時候，隨著歷練增加，功力加深，因此薪資水漲船高，但等到了某個高峰，你的價值就會逐漸下降。曲線往下彎的原因很多，最常見的兩個就是年齡增長（學習力變弱，但薪水又比年輕人高），以及技術落後（從前你引以為傲的技能，可能現在逐漸落伍了）。

總之，當曲線往下落，那時候再怎麼挽救都無濟於事，但如果本來就備有第二曲線，甚至第三第四曲線，那也許當第一條曲線開始往下落時，其他曲線才正要往上升呢！

哲豪很感恩這位主官的一席話，他也很感恩上天常讓他遇見貴人，例如之前的處長願意無私地跟他分享管理智慧，現在這位面試長官，也願意給他這位可能日後不再見面的年輕人，一個職涯忠告。

那回的忠告像是醍醐灌頂，打醒了還被困在科技老模式的哲豪。

面試完的當月他就開始尋求改變。

雖然以結果來看，他是在 110 年才正式轉換跑道，但從 107 年開始，他就已經開始經營他的第二第三曲線了。

◈ 正式轉換新領域

如同多年前某個長官所提醒的，現在當紅的產業不見得未來總是當紅。

哲豪也親身經歷這樣的事，曾經他所處的那個高科技領域，台灣是世界重要的供應鏈之一，曾幾何時，該產業轉換到新的技術應用，搭配的周邊廠商也

被淘汰一輪，包括哲豪所處的那家公司，也沒能轉型成功，後來面臨縮編。

這是哲豪第一次碰到所處公司要裁員情況，過往總是他跳槽其他公司，而非被動式的遭遇公司縮編裁員。

那年是民國 110 年，疫情加重全球產業變慘業，所以哲豪公司發生危機他也不得不離職。

但哲豪一點也不煩惱，倒也不是因為以他的資歷工作其實不難找，而是他早就已經投入規劃人生第二曲線。他反倒認為碰到這次事件，正好讓他可以全然轉型。

哲豪其實擁有不只一個新曲線，包含他 107 年最開始接觸當時開始興旺的電子商務，另外他也自學精進，如今算是個財務顧問。也因為在投資學習上的機會認識新朋友。

後來哲豪加入了一個新的事業，成為實體金條顧問人士，他同時也擔任公司高階職位，並在 111 年 12 月，在台北開張了新的店面。

這個新事業，本部位在台北 101 大樓，叫做聖石金業，其設立全台第一個專售國際認證品牌的黃金條塊企業（亞格賀利氏）。提起金條塊，這似乎感覺像是老奶奶時代，戰亂時候人們比較愛保存金條，但其實金條塊一直以來就有相當投資保值的效益。而且國際認證的廠牌只有少數幾家，本部在瑞士的賀利氏，就好比人們談起鑽石就會談起戴比爾斯，賀利氏也正是黃金條塊的國際重要源頭。而聖石金業就是人們想要購買黃金條塊的合法管道，也就是說，就算有人手捧千萬現金去到任何銀樓，想直接在國際市場上買黃金條塊也是不被許可的，要透過像聖石金業這樣的管道。

　　本身擁有多年投資經驗，同時也人脈很廣的哲豪，如今是非常稱職的黃金達人，他可以協助朋友們，透過黃金條塊，做穩固的投資，其風險比股票小，投資金額又比房地產少，利潤則遠大於傳統金融定存，因此是民眾讓資產有效配置及避險的專業選擇。

　　曾經是科技界的高階主管，如今穿上財務規劃的

服裝，一樣是個專業人才，而出書這年他也才年紀尚未滿四十歲。

哲豪想要跟讀者分享的，不論是生活或工作，一定要多想「一點」，不要安於現狀，同時廣結善緣、經營人脈。畢竟人生充滿了許多意料之外，一個新的科技問世可能就讓一家老公司倒閉，或者撐不過職場競爭，也可能面臨被淘汰命運。並且別忘了，還有一個「一定」會出現的危機，那就衰老與病痛。每件事都會大大影響你的職涯。

因此，與其害怕明天會怎樣？不如現在讓自己站在時代的風口上，立於不敗之地。在本業上，永遠讓自己做得比公司要求還多，同時別忘了勤學習，培養自己的第二曲線。

那麼人生就總是海闊天空。

思維探討：怎樣創造我所屬行業的價值？
如果我自己都不相信自己的產業，那還能真心
服務民眾嗎？

築夢銘言：穩健踏實以及誠信，是成
功的不二法門

不需要話術也能成為
頂尖的業務人

劉弘文

那時候，他幾乎想要放棄自己的職業生涯。

儘管這些年來他已經在保險服務這個產業抓到竅
門，也做出了一些成績，但當他竟然連自己本身也遭
遇到理賠糾紛，還必須進入訴訟流程。內心裡他有著
深深的失望，想著自己是否當初入錯行？也懷疑再這

樣下去，他還能心無芥蒂地為他的客戶服務嗎？

　　直到後來他體悟到，任何產業都有任何產業的問題，產品及服務可以是優質的，是不肖的從業人員把好事變壞事，他不需要因為個別的案例，而放棄自己原本想服務大眾的使命。

　　而那段從懷疑到重新找回自我的心路歷程，也讓他更堅定自己做事業的原則。如今他不僅僅是業績優異的綜合保單高階經理人，也是真正可以為民眾解決問題的保險法務專家。

　　他是劉弘文，出書這年才三十出頭的他，透過踏實與用心，期許自己成為業界更好的人。

◆ **工作報酬難道要用命來換？**

懂得懷疑自己的人是好的，總比得過且過渾渾噩噩過日子，直到太晚才醒悟到「從前為何沒想到？」這樣的情況好。

出身於平凡家庭，原本也可能跟父親一般畢業後當個上班族，弘文是因為大學時期懂得去預想未來，最終才改變了他的人生。

十八歲時候，弘文跟大部份年輕人一樣，對人生沒甚麼目標，反正「未來」是很遠以後的事，不需要辜負青春，他很盡興地投入像是熱音社這樣的社團。直到大四即將畢業那年，他因為學科成績沒過必須延畢，同學們也都以為他是太沉迷於社團活動才耽誤了課業。

但其實在大三那年弘文已經醒悟到自己必須趕快思考未來，也因此他當時其實是「策略性」的延畢。

最開始刺激弘文去思考未來的人，是他女友，當女友已經決定畢業後要去澳洲深造，弘文卻只知道「畢業後當兵，當兵完後找工作」這樣的老路。他想

著：不行，必須要改變自己這樣得過且過的生活。而對於尚無社會歷練的他，簡單的思考邏輯：反正成功的人就是比較會賺錢的人，那我就早點開始去賺錢吧！

所以大三升大四那年，弘文很拼命去打工。有多拼命呢？有幾個月時間，他趕場般同時做三份工作：平日擔任知名冰淇淋品牌公司的巡場，假日則去賣場擔任銷售督導，大部分日子晚上則固定在餐廳當服務生，而同時間他也依然是大學日間部學生必須要上課。

弘文當時篤信「努力工作就有報償」這樣的傳統思維，每天拚死拚活工作，常常一天睡不到五小時，內心還暗暗驕傲自己是認真打拼的好男兒。直到後來體力不支，才二十歲年紀就天天感到疲憊，他終於質疑起「努力工作」的價值。

以收入來說，弘文當時還是大四學生，月入就有將近四萬，表面看來不錯，然而這卻是他每日無休，一天工作超過十個小時換來的，他當時就想著自己已經把身體及時間操到極致，幾乎沒日沒夜打拼，就算

如此月收入加起來也仍不到四萬，這還沒扣掉每月龐大的交通油錢成本。

這樣對嗎？弘文終於嚴肅地思考工作的意義，以及他必須選擇怎樣的職涯。

讓他徹底醒悟的關鍵，那天晚上他載著一起打工的同仁，騎機車大老遠由桃園中壢，去台北參加每周一次的工作會報，長期的睡眠不足，弘文撐著疲累的身軀，騎在傍晚烏煙瘴氣的公路上，這段路要騎超過一個小時，當時腦袋已經有些恍神，忽然背後同仁重重拍打他的肩膀，弘文猛地打起精神，一看前頭迎面而來的是道路分隔橋柱，只差一兩秒他就要撞上去。趕忙把機車迴正騎下匝道，當下他和同仁都已嚇出一身冷汗。

真的不行了，弘文還不知道未來職涯該如何選擇，但他確切知道的是，那種單靠體力與時間換錢的工作，不是一個好的模式。至少以他親身經驗來看，工作到命差點搞丟，相應的報酬計量單位，也依然是以萬元計。人生很多的大事，結婚買房享受生活……在這種報酬下通通遙不可及。

大四上，弘文終於推掉其他打工工作，只保留大一就開始從事的餐廳打工，做為基本的生活開銷來源。

　　當時他對未來仍感到茫然。

◈ 想要將來做個不要被家族看不起的人

　　許多年輕人之所以找不到出路，一大關鍵原因是生活周邊沒有參考值。比較上進的人可能常常閱讀報章雜誌，裏頭有名人企業家或各領域成功人士當學習標的，然而畢竟閱讀是一回事，實務又是一回事，年輕人還是需要有近一點的實做場域及學習楷模。

　　對弘文來說，他最直接的參考對象就是自己的父親。

　　父親人很好，做事誠懇踏實，也是弘文終身敬仰的人。但他也知道父親終究只是個平凡老實的上班族，他和媽媽兩人努力這麼多年，也才只夠勉強維持這一家三口的生計。身為家中獨生子，弘文為了不要增加爸媽太大負擔，他大一開始就學著自力更生，所有學費及生活費都靠自己打工賺的錢支付。

很顯然地，做人誠懇踏實很重要，但這不代表可以帶來理想的好生活。

該怎麼辦呢？將來畢業後要做甚麼？

家族中另一個參考標的，是族中另一個親戚，做為和父親的對比，那個親戚不是上班族，弘文不很清楚那個親戚的職業內容，只知道因為他的職業性質，至少那人的家庭可以過比較有餘裕的生活。此外，他也感覺到家族中長輩們，明明都是自己的孩子，但對於那個比較會賺錢的親戚，就比較青睞。或許這只是種錯覺，無論如何，弘文其實很早就了解，這世上有比上班族這種模式更好的職涯選擇。

隱約知道，那個親戚從事的是業務性質工作，但具體來說業務工作要做甚麼？弘文心中沒有甚麼概念。大學時代他去賣場打工，先是擔任駐點銷售人員，後來還擔任督導。但這兩個工作雖跟銷售扯上關係，實質上不算拚業績的工作，每月月底弘文領的依然是工讀生時薪。

所謂時薪，就是一個月後可以領多少錢，用計算

機簡單算一下幾秒鐘就可以知道。甚至包括一年可以賺多少錢，乃至於三年五年可以賺多少錢？都可以簡單計算出來。

總之就是可以算出自己只能賺那麼少。

這不是弘文想要的未來。雖然仍不清楚自己想要怎樣的未來，但至少大學時候弘文對未來有個基本要求，就是不要讓自己像爸爸那般被「看不起」，也許那只是一種偏見，總之弘文希望自己月入多一點，這樣才不會被長輩大小眼對待。

所以到底甚麼是業務工作呢？

弘文大學時代除了餐廳打工外，其實也有接觸過業務性質工作，但是當時他的業務經驗並不是很愉快。

那時正好他已經推掉餐廳以外打工，有天早上載女友去上班（女友也在另一個地方打工），回程在家附近市場看到有人發傳單，上面寫著健康早餐。基於好奇也剛好肚子餓，就去體驗了甚麼叫健康早餐，邊喝還有人跟他做介紹，不只介紹產品還介紹「制度」，那時候弘文也才第一次知道，有所謂傳直銷這

種行業。

傳直銷正是典型的純業務屬性工作，透過那些前輩們的分享，弘文也才知道，這行業做得好，賺到的錢是上班族遠遠不能相比的，更別說跟之前的廉價學生打工時薪相比。

也因此弘文以為他找到人生方向了，大四上就認真投入傳直銷產業賣健康食品，這一做就是半年。

但最終弘文發現這不是他想走的路。

◈ 業務工作難道只能靠話術嗎？

原來當工作到一定程度，就會發現到，賺不賺錢是一件事，怎樣「心安理得」賺錢又是另一件事。

從前弘文打工把身體操到快壞了才賺到很有限的收入，這是技術層面的問題，他選擇了沒效率的工作方式。現在他似乎選擇了一個比較有效率的工作，卻又有心境層次的問題：他想賺錢但也想快樂地賺錢。但當時他工作並不快樂。

弘文本身不是口才便給的人，事實上直到三十歲後的現在都是這樣，那已經不是技術問題，不是話術

流不流利的問題，而是心境上可不可以接受的問題。弘文長久以來，就覺得透過話術來誘使消費者掏出錢包，這樣的事他做不來，但如果不靠話術，難道業績就一定做不起來嗎？後來弘文其實發現到，只要誠心做事且具備足夠專業，業務工作並不一定得靠舌燦蓮花的話術才做得起來。

那已是比較後來的體悟，但在大四那年，弘文對業務工作，具體來說是對當時傳直銷人的業務模式，非常不認同。

像弘文當時還是新人，行銷學上有所謂 ABC 法則，他就是扮演所謂 B，也就是引薦人的角色，就是說他介紹 C（消費者），去給他的上線 A。上線會幫他說服 C 加入組織或掏錢買商品。

那個過程弘文是不太認同的，他總覺得上線們為了成交，過程幾乎無所不用其極，甚麼激將法啦！引蛇出洞障眼法啦！甚至美人計都可能用上。面對消費者（也就是弘文介紹來的親友），上線為了讓他們加入，甚至還會說出「難道你付不起這個錢」這樣隱含傷人意思的話，讓弘文感到難堪。但弘文又不方便說

甚麼，畢竟人家可是為了「幫他創造業績」。

就這樣抱著痛苦的心情做傳直銷，但弘文一直覺得「君子愛財，取之有道」，這樣子每回都耍盡心機來誘使人消費，他真的非常不認同。實務上，這種類似騙人，做人做事不光明正大的行徑，也已經開始影響他的人脈形象。

終於弘文還是退出這個產業。

這時候他更茫然的，因為憑著勞力及時間付出的產業他做過了，憑著業績制度的工作他也做過了。似乎兩種都不適合他。

他依然前途茫茫。

怎麼辦呢？還好後來弘文因緣際會又接觸到另一個業務銷售工作，並且他也終於體悟到，不是所有的銷售都得靠著「違心之論」的話術才能成交。

最終他知道，業務成功的關鍵，不在口才，而在於銷售者本身的人格是否值得信任的，唯有值得信任的人，才能拓展人脈圈。

「人脈」也是弘文大四時候對於業務銷售所學到

的另一課。

◈ 找到自己想要的業務職涯

　　大學時期打工擔任過行銷公司督導人員，當時弘文就知道人脈非常重要，也對職涯成敗非常關鍵。舉例來說，一個人工作技術面不錯，但卻跟上司處不好，那他還是沒有未來。

　　以當時在賣場做銷售為例，如果駐點人員跟賣場的課長關係不好，那課長是有權利跟行銷公司反應換人的。而身為督導，弘文當時就已經知道，該如何跟課長打好關係，他也懂得甚麼時候該講話給課長面子，甚麼時候該挺自己賣場駐點同仁幫他們打氣。那時弘文已經做到如果賣場有些甚麼小狀況，他打電話去跟課長道歉，課長會給他面子不計較。這種與人為善的能力，不同於許多傳直銷界的刻意做假，而是秉持著真誠，這在日後也幫助弘文事業成長。

　　那時已是大四下學期，有個機會弘文再次和業務工作相遇。

　　這回機緣來自女友那邊，她有個稱之為嬸嬸的親

戚，鼓勵女友去參加保險從業人員考試，這樣可以多個證照。在女友督促下，原本弘文只是想陪女友去考試，後來變成自己也下海去讀書準備考試，最終兩人有都考取保險從業人員證照。

當時弘文也並沒有想到自己真的會投入這一行，畢竟包含自己家人在內，從前對保險這行業印象不算很好，總覺得「拉保險」不是形象太好。

改變弘文觀念的是那位嬸嬸，她開啟了弘文新的視野。原來從前弘文想到職涯，只想著自己可以賺多少錢，但一個真正可以帶來源源不絕收入的工作，本質上一定要是「可以幫助很多人」的，也就是說你只要可以透過專業帶給人實質的幫助，就不愁沒業績。

另一個啟發弘文的新思維，就是原來**所謂收入，不該只是有努力才有報酬的「主動收入」，更有效率的還是要透過「被動收入」。這裡指的不是投資理財，那是另一個層面的專業，這裡指的是透過工作本身帶來的被動收入**，以保險來說，嬸嬸就告訴弘文，每當你承做一張保單，除了當月你有該筆保單的業績收入，並且只要你做好售後服務，該保戶年年會續

保，保險從業人員也年年會有傭金，這可以是一輩子的被動收入。

　　弘文真的被打動了，他想到若能在大學時期就打下客戶基礎，那麼，甚至當他畢業後去當兵，也都還是可以透過第一年開拓的被動收入源頭，即便當兵也還能有收入。

　　這是弘文終於找到的理想職涯模式，唯一的困擾是他那時已經大四下學期，再沒多久就會畢業等收兵單了。也因此弘文下了決心，他要好好投入保險這行業的學習，並且用一年的時間去衝經驗累積訂單。

　　也因此他後來策略性延畢，不是因為忙社團耽誤課業，而是想要讓自己有額外一年的時間認真學習業務。

◇ **賣出第一張保單**

　　必須說，業務工作並不是那麼容易，否則若收入比較高那所有人都來做業務就好，就是因為有相當的難度，所以大部分人還是選擇非業務性質工作。

弘文一開始也以為憑著自己的熱誠毅力，肯定會做出成績。他是真的幾乎每天從早忙到晚，也非常「聽話照做」，主管規定的每件事：列名單、勤打電話、找機會做陌生開發……弘文都踏實去做。

　　結果卻是忙了一整個月，接觸了七八十個人，月底業績掛蛋。

　　明明已經很努力了，卻沒賺到任何錢，這讓弘文特別沮喪。這甚至比他大四上學期打工還糟，當時也是沒日沒夜把身體操壞了，但至少有賺到錢，現在則是一樣每天超時工作，結果卻是如此難堪。

　　心情很差，加上家人當時對他也不諒解，認為他應該穩紮穩打去上班從基層幹起，不該去做賣保險這樣的工作。這是弘文加入保險產業第一個碰到的瓶頸，他也差點要退出這產業。

　　當時其實只是基於面子問題，弘文不希望就這樣退場，因此他告訴自己再給自己一個月拚看看吧！就在某天他和家人吵架後，當時已經是深夜，他帶點不服氣的心情，打電話給一個學長。**秉持著誠信原則，弘文做邀約從來不會故弄玄虛，搞甚麼「約喝咖啡實**

際上是做推銷」那套，他直接跟學長說，他就是想推介保單，問學長是否給他一個機會去做說明。

沒想到學長竟然答應了，就這樣他趕快去到學長的宿舍，很認真地跟學長介紹及討論保單事宜，討論到深夜兩點半。學長最後思考一下，說「好吧！反正我也需要一張保單」，當天弘文終於賣出他人生第一張保單。他高興到當場就忍不住流下眼淚。

從那張保單開始，弘文堅定地站在這一行，決心以保險服務作為終身志業，既賺錢也能幫助人。

實際上，那張保單保額很小，學長每月要繳納的保費只有大約一千元，是典型的小保單。

但帶給弘文一個堅定的信念，那就是：勤懇做事，不靠玄虛話術，是可以得到認可的。

◈ 一次重大的打擊

從第一張保單開始，弘文兢兢業業的持續在這領域努力，第一年也就是他延畢那年，他年收入仍只有大約四十萬，但弘文自己知道，那不代表努力只能

做到這樣，而是因為**任何產業本來一開始就要學習經驗，沒有什麼事業賺錢是一蹴可幾的，他知道自己還在學習中，經驗不足本來就收入會少。**

也的確，隨著經驗增長，後來弘文的收入已經是當年的好幾倍，並且他已經在這行做到，**大約 80% 以上的保單都是來自於轉介紹客戶，他不太需要去做陌生開發，憑著過往的誠信紀錄，他就已經有源源不絕的客戶。**

但這裡也不是強調只要認真就有收穫，弘文後來可以年紀輕輕，才三十歲就已經在這行成為佼佼者。這中間還有一段故事。

延畢那年，弘文終於逐漸做出成績後，包括自己家人也不再質疑他這份工作。那年他也邀請媽媽投保，實在說，媽媽當時也只是抱著給兒子捧個場的念頭，並沒有那麼積極想買保單。

沒想到，後來竟然真的需要用到保險。就在弘文退伍後隔年，也就是他加入保險業第三年，發生了一件事：母親健檢被檢查出罹癌。

還好當時有投保，憑著專業，弘文立刻為媽媽辦理各項申請理賠流程，身為這個產業的服務人員，他已經是用最有效率的方式跑完程序，送件出去。

　　之後是一段令人納悶的等待期，正當弘文想透過關係去跟上頭催理賠，家裡卻收到一封法律信函。這真的是件很莫名其妙的事，投保自家公司產品，媽媽真的罹癌了要申請理賠，卻收到的是這樣的一封存證信函，以禮貌但其實語氣不太友善的內容，告訴媽媽，不僅不予理賠，並且還要跟媽媽解約，保險金也不會退還。

　　這對弘文來講是當頭一大盆冷水，不僅媽媽的理賠落空，也讓自己身為產業一份子覺得讓家人發生這種事，自己實在無地自容。

　　為什麼是這樣的發展？弘文感到非常心灰意冷。這些年來他以為投入保險就是為人服務，不僅可以賺錢，也因為帶給人們安全保障，心中有種從事這行的驕傲。

　　但現在一切都沒有了，那一紙冷血的來函，讓弘文懷疑起做這行的意義？

如果連自己家人都無法獲得保障，那他還有可能以後去推薦自家產品給消費者嗎？

再次地，他感到人生茫然。原以為最喜歡的職涯，如果結果又是一次誤判，那對已經投入這工作幾年的他情何以堪？

◈ 找到職涯長長久久的重點

還好最終證明，每次的考驗都是為了要讓自己人生再次提升。

媽媽理賠失敗的事帶給弘文重大打擊，但這不代表保險這個產品不好，也不代表不該從事這行業。

重點還是在人，不該因為某些個案否定保險帶給人的幫助。

轉捩點在於朋友介紹的一個保險法律專家，原本弘文自己透過跟公司高層，包括找到處長等級的人出馬，最終都碰了釘子，公司說不賠就是不賠。之後聽說有這位專家，弘文也只是抱著死馬當活馬醫的心態去找那位教授。

沒想到過了沒多久，媽媽又收到公司的來函，這回內容大不同了，同樣是充滿法律術語的信函，但這回大概是要跟媽媽協商，願意理賠一筆錢。

　　怎麼會這樣？原來這背後重點是專業。弘文自問，自己明明從事這行卻完全不懂保險法，以及相關的金融法規。這其實是業界常態，**就算到今天，保險產業對從業人員的要求以及培訓重點，也都是在教導如何做業務銷售，而不太會去關心法律實務，畢竟那也太專業了。**

　　然而經過這次教訓，一方面也要感恩那位貴人，弘文因此投入那位教授門下，專心的學習，坦承自己本身不算是讀書的料，但為了成長，弘文硬是要去背誦學習那厚厚的法律書籍，以及去研習非常艱深的各種判例。

　　除了感恩，弘文也從那位教授身上學到，對於人生應該有個使命，那位教授當時幫弘文處理媽媽理賠事宜，一毛錢都沒收，就是純粹為了要幫弱勢伸張正義。弘文也立誓自己要成為這樣的人，也因為經過這些年投入法律學習，他今天跟教授一樣，也是保險相

關法律的專家。這也是後來造就他高業績的原因之一，因為**長期以來，弘文不只銷售保單，並且已經打下一個名聲，他說「客戶的問題就是我的問題，一張保單就是一份承諾，我一定會遵守這承諾」，所以大家都知道弘文不只會做好保險銷售服務，當真正碰到甚麼疑難雜症，他也是有執行力，真的會去解決問題的人。**

所以成功的關鍵，除了誠信以外就是真正的專業。

誠信讓弘文的人格值得信任，而專業才能讓他成為人們投保的首選。

如今的弘文，以保險法律專業形象建立自己的特色。而他也早在媽媽理賠事件發生的那年，認清了保險產業的一些缺陷：主要狀況是，一般保險公司只能銷售自家產品，並且很多時候，有的保險業務員會專注在「利潤高的商品」，而非「對客戶最好的商品」。

那時弘文就發現，如果他明明知道市場上有比自家商品更好的保單，卻又囿於自身身分，總不可能身為Ａ保險公司員工，卻去推介Ｂ保險公司產品吧？

　　最終他選擇跳入保經產業，正因為保經的立場，是可以銷售不同公司產品的。

　　透過專業以及認真服務，弘文的事業越做越大，自己也擁有自己獨立的辦公室，現在其實是以企業家的形式跟保經公司做經銷合作。才三十出頭的他，有著親和且正向的形象，舉止落落大方，風格大度，真正是個年輕楷模。

　　對於還在打拼中的年輕人，弘文衷心的鼓勵：先找出自己的人生志趣，一旦找到了，不要後悔，用心去做，莫因一時挫折就放棄。

　　最重要的，任何時刻都要以誠帶人，不要為了貪圖利益，失去做人應有的誠信。這才是可以一輩子長長久久經營下去的事業成功之道。

築夢者心法

思維探討：如果我還是個年輕人，是否現在考慮怎樣致富怎樣成功都還太早？還是其實越年輕更要趕快去找到人生正確方向？

築夢銘言：不要為自己設限，不要等到太晚了以後才說「早知道」

就算年輕亮麗也可以事業有成財富豐收

張若庭

　　她是個年輕女孩，出書這年才二十幾歲，在本築夢系列作者群中，是最年輕的一位。

　　跟她同樣年紀的青年，有些還在茫然摸索著人生路途，有些開始當個上班族從基層做起，有許多則尚是學生身分。總之，二十幾歲是尚無法成家立業的年

齡，缺乏人生歷練，也尚無法累積足夠財力，人生似乎也尚沒能有甚麼作為。

但她卻一方面已經累積相當資產朝財富自由之路邁進，一方面也已經可以擔任教授講師，能夠做好組織領導培訓。透過她的經歷可以展現出，即便是才剛大學畢業，二十幾歲的年紀，藉由正確的投資跟職涯選擇，也能做出不凡的成績。

本文的主人翁就是張若庭，她的經歷對許多可能如今還在感到迷惘的年輕人，可以提供一定的參考。

◈ 初次投入不動產銷售實戰

成長環境對一個人影響很大，但也不一定因此可以造就孩子的未來，因為人一生的學習成長，小時候的耳濡目染很重要，但更重要的是一個人能否對一件事物得到真正的體悟。

若庭是一個很特別的例子，她從小就生長在一個跟不動產密切相關的環境，爸媽都是從事這一行的專家，也都在這個產業做到相當的位階。但反倒少女時代若庭對這個產業沒甚麼興趣，甚至當她念大學時期，有機會投入建教合作，她也刻意不去自己家族相關企業服務。

最終她繞了一圈又回來，才真正投入不動產業，但這時候的她已經有了相當的體悟，抓到這產業的竅門，也真正對這樣的工作產生了興趣。

其實學生時代若庭也絕非討厭不動產，只不過因為從小到大家人每天都在談論這樣的話題，讓她覺得因為太熟悉而覺得比較沒新鮮感而已。

無論如何，在這樣環境下生長，當十幾歲對前途

仍然非常不確定的時候，從小到大的那種熟悉感還是可以帶來指引，因此大學選科系時，若庭基於熟悉感，就還是選填跟不動產相關的科系。

可以說，小時候若庭生活中常常跟不動產有所接觸，包括經常也可以聽到家人和親戚間談論房地產買賣，以及哪裡又增值等等；到了大學時代則接觸到的是理論層面，也就是去了解經濟學上的供需原理，還有從成本會計概念上去分析一棟建築的成本結構等等。但最終真正讓若庭開始對這產業有「感覺」的，乃至後來發諸內心感到很有興趣的，還是植基於實務。

關鍵在大四那年，依照學校的課程規劃，理論與實務必須兼顧，下學期就有建教合作的課程。具體來說，就是直接讓學生擔任現場從業人員，實際上做的事也跟正職人員一樣，打卡上下班，平常有績效考核等等。

那時若庭選擇去一家廣告公司，也就是俗稱的代銷公司擔任業務銷售人員，也就是擔任代銷小姐。

這裡也簡單的介紹一下房屋銷售的模式，一般房

屋銷售簡單區分為新屋以及二手屋,絕大部分的人購買房子買的是二手屋,也就是當人們透過永慶房屋信義房屋等平台做買賣,買的都是二手屋,中間協助交易的人員叫做房屋仲介交易員(簡稱房仲),二手屋交易主要是透過房仲,但也有少數情況是屋主自售。至於新屋的部分,也分兩種,一種是人們熟知的預售屋,一種是房子蓋好後,有者建商自己銷售(例如國內知名的建設集團,通常擁有自家的銷售部門),有者透過代銷公司銷售。一般人們會去參觀美侖美奐的樣品屋,那樣的場域通常就是由代銷公司所規畫出來的。

大四那年若庭擔任的就是代銷公司的銷售人員,賣的是建設公司委託的建案,包含預售屋以及新成屋的案子,公司都有承做。

一般來說從事房屋銷售這樣的專業,會區分出房仲跟代銷兩種不同屬性,前者主要必須自行開發客源,後者則是守在樣品屋賣場,等客人主動上門。

無論何者,都需要具備相當的銷售業務力,才能締造出好的業績。

這也是若庭開始接受實務磨練的場域。

◈ 遇見改變自己的第一位導師

大四那年若庭在家鄉桃園服務，銷售的是在地知名建設公司的物件，主力地區是以高鐵站所在及以新興商圈知名的青埔地區。

在銷售一開始時，若庭是無感的，因為她銷售的都是超過五十坪以上的大單位，那種價位距她財力遙遠，覺得跟她這樣的小女生無關。畢竟光是頭期款（這裡指的是預付工程款）就要超過 240 萬。

如果一開始就把一件事想成是不可能，無怪乎做起事來會比較沒勁，這其實也是從小雖然常常聽聞有關房地產投資的事，但一直沒引起若庭太大興趣的主因：也就是這樣的大事跟自己無關。

日後若庭成為一個專業房地產達人，她的話語可以得到眾人信任，正是因為她自己本身有過這樣的心路歷程，她知道大部分人可能一開始就被高房價嚇到已經就自我設限不敢投入。也因此若庭會以她自身的

例子來做分享，讓人們知道其實只要了解購屋貸款以及交易原理，人人都有機會買屋並且透過適當不動產理財改變人生。重點是找到對的服務平台及窗口，真正專業的團隊可以依每個人的情況提出最佳的投資置產規劃。

若庭清楚知道，觀念的改變並不容易，關鍵時刻需要貴人指引。她自己後來年紀輕輕，24 歲就已經購買不只一間房，就是因為她前後分別認識了兩位帶給她很大學習啟發的老師：一位是公司裡的前輩後來自行創業的阮智偉（他也是築夢 4 其中一位參與分享的作者），另一位是公司體系裡長年帶領團隊奪冠的年輕女處長暄暄。

若庭是透過哥哥引薦，認識阮老師。起心動念是，原本哥哥是比較內向，也不太會主動投入甚麼大事的人，怎麼這樣不夠積極的人卻能二十幾歲就買房子？原來他是受到阮老師指引。若庭也才知道，原來觀念的改變是如此重要，對越聰明的人越是如此，因為那些自詡為頭腦好見聞多的人，反倒胸有成見，被自以為是的種種知識綁住，早已自我設限以為凡事只

能如此。

　　就好比出身在不動產買賣家庭，本身也實地擔任第一線房產銷售人員的若庭，當時就不認為買屋置產是自己能力範圍做得到的。直到跟智偉導師做諮詢，她的觀念才被打通。之後不讓哥哥專美於前，她自己也 24 歲年紀就買房。

　　對許多人來說，買房會卡關的最大關鍵，說白了就是錢，總以為買房需要很多錢，就算是只準備頭期款，那也是筆很大的數目，大到還沒投入就放棄去想像。但其實理財是一門學問，資金流通有很多形式，這世界就是因為可以有各種資金靈活轉換才活絡起來的，如果人人都以傳統形式交易，那文明會退步好幾十年。

　　阮智偉能夠成為若庭的導師，因為他是正統由銀行體系出身，真正非常了解金融產業的運作模式，將之運用到房地產產業，就能發揮出很大的對接成效。

　　其實從小若庭就聽爸爸講過：理財趁年輕。但知道歸知道，若沒有具體的落實方法以及專家指引，那麼一句原本智慧的話，也就只是一句空泛的口號。

直到接觸導師指引，若庭才能重新審思從小所學，不論是爸爸說的那些理財格言，或者小時候聽大人聊的某某人又投資哪裡獲利等等，現在都可以連接起來。

　　為何有人可以早早年紀就退休，看起來不用工作，卻衣食無缺？

　　為何有人可以四處遊山玩水，只需偶爾打幾通電話，戶頭永遠好幾個零？

　　方法就是趁年輕，真正去熟習金融與投資的訣竅，並且選對時機及地點，當然，這些是投資理財，不影響自己本業，只不過當有足夠財力做後盾，投入事業也會比較心境從容，活得開心自在。

　　像若庭現在就很樂在工作，她領導自己的業務團隊，也在不動產銷售做得有聲有色，其實就算不計算投資理財部分，她靠業績的年收入也是同年齡朋友的好幾倍。

◇ 遇見改變自己的第二位導師

　　如果說，**改變自己的財務觀念，就能轉化自己的**

財富藍圖；那麼改變自己做事業的方法，則能開啟新的職涯視野。

以前者來說，若庭從小到大在自家接受到的薰陶，以及在遇見阮老師後受到的啟迪，讓她能夠化理財思維為實際投資。以後者來說，則是在認識勤奮踏實的業務處主管暄暄，並且在她的帶領指導下，若庭後來也成為一名行銷業務好手。

畢竟理財重要，培養職涯的實戰也很重要。那除了攸關財富締造外，也攸關一個人對社會的貢獻，以及成就自我實現。

其實很久以前，若庭就聽聞暄暄的大名。原因無他，在整個集團體系裡，每到重要頒獎或公布業績的時候，這位暄暄老師，總是會出現在講台上，接受表揚並分享她的成功祕訣。這位暄暄老師如此令人印象深刻，不僅僅因為她總是帶領團隊奪冠，也因為她年輕很輕，才二三十歲年紀，就已經業績勝過許多資深前輩。

也因此後來若庭一有機會就選擇加入暄暄的銷售

團隊。

在暄暄團隊裡，**若庭學到的最重要一課，就是屏除英雄主義思維，不論對客戶服務或業績提升來說，群策群力的團隊模式，都比單打獨鬥的方式，更要有效率。**

這個平均年齡不到三十歲的團隊，是如何月月締造非凡佳績呢？理論上，所謂薑是老的辣，那些老資格的前輩們，不論實戰經驗或者多年累積的人脈，肯定遠遠勝過這些年輕小輩。但結果卻是，這個年輕團隊業績領先。

原因就是在暄暄帶領下，**團隊大家不以爭搶個人業績為優先考量，而是願意大家彼此分工，一起為了團隊每一個成員付出。**具體來說，就等同每一個個別成員只要有一個潛在客戶，等同後面有其他所有成員一起協助他做服務。這樣當然更容易抓住客戶的心。

以客戶屬性來說，身為年輕人，像是若庭她們平常接觸往來的朋友也都會是年輕人為主。以投資買房來說，年輕人一來較無經濟實力，二來觀念上也都自認為不太可能買屋。然而在暄暄的團隊，若庭學到

了，結合團隊力量透過活動鏈結，以及分析團結力量大的投資方式（亦即，年輕人其實可以透過幾個人合作買屋的方式，做有效的房地產投資理財），她們一樣可以讓許多年輕人願意開始踏入房地產投資領域。

而且**不同於大部分房地產交易，一旦成交後就比較少聯繫，若庭所屬的團隊，她們願意以長期交朋友服務的方式，陪著年輕人一起成長，包含協助經濟實力不夠的人給予財務諮詢輔導，鼓勵存錢；也包含正式買屋後，之後的種種買屋交屋還有租屋諮詢，一直服務到房子銷售出去，還可以持續協助後面新的投資規劃。**

也因為透過團隊的力量，若庭覺得在暄暄團隊，工作起來很開心，每個夥伴都是自己得力的助手，任何一個人成交，大家都共同歡樂。這樣的職場氛圍，她很喜歡，也很高興認識暄暄老師，能讓她找到一個既能快速累積財富，又能真正幫助到很多年輕人的事業模式。

◈ **年紀輕輕怎樣成為一個諮詢師？**

　　不要預設立場，以為年輕人一定不能如何如何，一定只能追隨前輩的老路學習……。 其實時代在變，懂得結合現代化趨勢，年輕人其實很多地方比起資深前輩都更具有優勢。如果不趁年輕讓自己人生突破，就可能若干年後回首現在會感到後悔。

　　如今也具備講師及諮詢師身分的若庭，經常在做輔導或做公眾分享時，常常聽到的。例如有五六十歲的夫妻，會帶點哀嘆的對若庭說，如果早點認識妳，過往的路就不會走得那麼辛苦。或者說，早知道我二三十歲時就可以這樣投資，現在晚了，不過我可以讓我的孩子跟妳學習。

　　當做分享時，很多學員第一個念頭是：這是不是一種直銷？畢竟對許多年輕人來說，似乎若不走傳統的上班族路線，要想賺「快錢」的方法，就直接聯想到直銷。

　　若庭不反對直銷，事實上她的第一位導師智偉先生，就是透過傳直銷產業打造富裕基礎。若庭認為一個人要選擇甚麼產業，可能跟個人志趣有關，她自己

本身也還是年輕女孩，真的不方便對此多加置喙。但重點是不論一個人從事甚麼行業，都無礙於他可以趁年輕時就做好理財投資。

實務上，其實理財投資也跟各個不同專業領域工作有所不同的是，任何一個專業領域好比說水電裝修、財會精算、醫學手術等等，走到專業部分都會有些共通的準則，種種 SOP 等。就以心臟手術來說，不同的醫師面對同樣的病症，會採取的手術流程還有相關用藥，應該是差不多的。但理財投資領域則全然不同，適用於甲的模式，不一定適用於乙。就算是同年紀且同一梯次進入同一家公司的兩個上班族，後續會被指導做理財置產的建議也會不同。

因此理財投資是一個觀念建立很重要，但後續實務有賴個人努力的事。正所謂「師父引進門，修行在個人」。

另外對於像若庭這樣的年輕女子，當她在做分享時候，其實經常會碰到的一個問題，就是她這麼年輕，客人或許會想：「我走過的橋都比她走過的路

多，她憑甚麼可以教導我？」

這就攸關一個人的氣質。

若庭雖然才二十幾歲，卻能氣度沉穩，眼神堅定，那植基於踏實的學習與付出。 比起其他的年輕人，若庭雖也是跟隨智偉導師學習出身，但她的一大優勢就是她「真的」有從事過不動產的銷售，不論是各種術語的應用，或者能立刻抓住客人想要表達的意思，都是因為她有超過兩年在建物案場的實務。

這也是若庭想要跟年輕人分享，就算是成功找到好的理財方式，也依然要踏實地讓自己投入一個實業，有歷練的人生才能培養成熟的人格與氣度。

當年她從大四就擔任代銷小姐，從一開始她就比其他人要投入。那時候以她所服務的那家公司來說，參與建教合作的人有十位，到畢業後還繼續留任的只有一半，而能真正在這一行用心做下去的，到頭來只有若庭，她是十個人中唯一可以服務超過兩年的。也因此她很紮實的學到這行的許多專業。

例如她很清楚，如何分辨各類型的氣密窗？不同廠牌不同規格的窗戶，適合怎樣的住屋需求？甚至連

如廁的馬桶，她都能如數家珍般的陳述怎樣的設計，可以帶來怎樣舒適或清潔的功效？

站穩紮實的銷售訓練，若庭能夠循序漸進，從講解整個建案的模型，清楚勾勒房屋所在地的方位，以及周邊的環境優勢。先讓客人對整個物件有基本了解後，接著就是解說屋內的陳設，廚房有哪些設計？採用怎樣的烤箱？等等。這過程也累積專業的話術。

不過若庭的想法，**做人做事誠意至上，所以她並不常使用那些話術，除非那樣的話術重點是攸關待人禮貌，以及能夠帶給客人親和感，但她絕不會刻意透過心理操弄，刻意誘導等方式來做交易。**這是若庭給自己的待人處事規範，也是他長久以來能夠獲致信賴，廣結人脈的重要原因。

◈ **做事業也做志業**

除了專業建立、踏實學習及跟對導師外，對若庭來說，**一個人內心是否有股強大的信念，也是能否把事情做出一個成就的關鍵。**

以若庭本身來說，讓她如今可以專注投入不動產

諮詢及推廣這樣的產業，內心動力不是單純的只想賺大錢早日退休，而是有一個從小就建築在心中的夢想。

　　一直以來，若庭就想以個人名義捐救護車給偏鄉，當然以她如今才二十幾歲仍在打拼的年紀，尚無法圓夢，但內心裡她期許自己在更成功後，就要做到這件事。

　　刺激若庭這樣想法的是從小很疼她的阿嬤，若庭清楚記得，阿嬤原本是有點福泰看到她總是笑呵呵的可愛長者，然而後來不幸罹癌，隨著病情加重，身體後來瘦到皮包骨，最終插管被送去醫院後，就再也沒能回到家。學生時代的她看著救護車閃著紅燈，這個印象讓她開始領悟到生死與無常。

　　之後她很嚴肅地看待生死課題，也常注意到，像當年她阿嬤送醫院所搭的救護車，雖然在都市裡可能十分鐘內車就來了，可是在很多偏鄉，可能像她阿嬤這樣身體有狀況的人，等救護車可能需要等很久，甚至有的偏鄉根本沒有救護車，出事時要從其他鄉鎮翻

山越嶺過來。

　　想起當年阿嬤重病時她自己難過的心情，也想到有多少家庭可能為這樣的事心碎，因此若庭決心若自己將來有能力，就要捐贈救護車去偏鄉。

　　現實生活中，雖然若庭尚無力做百萬元以上的大捐贈，但各類的慈善工作她是從學生時代就不間斷的付出。

　　小學時期就已經參與各類愛心救濟，後來加入智偉導師的團隊，以及之後加入暄暄的團隊，讓她很安心的一點，就是他們不只懂得理財以及事業經營，同時也是愛心不落人後的企業家。在團隊裡，每個同仁不僅本身是體制內的團隊成員，也都具備志工身分，就是說，從事志工本就是服務內容的一環。

　　若庭總是跟著公司團隊，在下班時間以及假日，盡量撥空去投入慈善志業。像是照顧獨居老人，還有關懷低收入戶。建設公司內也長期有著基金會組織，常態性的提供獎助學金給有需要的孩童，事實上，這個基金會的秘書長，正是自己的大嫂。當初也正是由

若庭當媒人，引薦這位曾經一起做志工的學姊給哥哥認識，後來才締結良緣的。

總之一切都是善緣。

若庭很高興也很榮幸，可以處在一個正向的環境裡，既能讓自己很年輕就已經年收百萬以上（不含理財投資），也讓自己人生可以事業與志業兼顧，既賺錢照養自己人生，也不忘幫助更多的人。

若庭真的很開心，這也讓她與人交流時充滿自信。

而這正是許多現代年輕人缺乏的。

◈ 給自己機會追求新的人生

經常也跟年輕人做各種理財以及職涯分享，由於若庭自己也是年輕人，因此談話格外有說服力。

若庭認為，年輕人有迷惘是正常的，畢竟尚未出社會，當然甚麼都不懂。有焦慮也是正常的，**反倒那種對人生沒甚麼想法也沒期盼，反正先隨便投履歷，有工作做了再說，這樣的人比較令人擔心。因為這樣的人根本連想改變的企圖都沒有。**

對比來說，那些願意跟她談話，表示有想要改變的人，則是充滿希望的人。

若庭強調，**許多人都想「早知道」，但若不行動就不可能「早知道」**。畢竟不可能每天得過且過的生活，就忽然腦海想出一個新觀念，也不可能總有那樣的機運，自己過著平凡無趣人生，忽然遇到一個貴人來給予指引。

如果可以的話，年輕人最好主動去尋求指引。最佳方式好比去上課，或有的人更大膽些的，直接去拜訪企業家。實務上現在也有很多場合，諸如講座或者企業家到校演講，那些有成就的人其實也都不吝於把自己的人生智慧分享給年輕人的。

重點是你要願意踏出那一步。

若庭自己曾經也是個迷惘女孩，曾經也不認為投資房地產跟自己有關，曾經也認為要賺大錢是「將來」入社會後，可能工作十年二十年後才會考慮的事。

但人生可以不要讓自己那麼晚才來認識真相。

你現在就可以開始開啟的富裕人生。

張若庭以她 20 幾歲的青春見證，邀請願意給自己人生一個新機會的人，勇敢嘗試，追求全新的人生。

Part 2

谷底再生篇

思維探討：甚麼是人生在世的意義？如果認為自己失去了人生最重要的東西，那人生該怎麼辦？

築夢銘言：有價的東西，用錢可以買得到；只有無價的東西你要特別用心珍惜，細心呵護。

從掃地阿桑到組建銷售第一團隊的心路歷程

陳乃菱

甚麼樣的傷痛可以讓一個企業家，放掉一切事業，不再關心名利成就，後來成為一個女清潔工，一轉眼就是十年？

又是甚麼樣的覺醒，讓一個母親，終於願意從傷

痛中走出來，化悲痛為力量，成為一個助人無數的專
家，受她幫助的人無以數計？

　　從一個極端到另一個極端，陳乃菱曾是一個逃避
一切的人，但內心裡她是一個勇者，她知道逝者已矣，
但生者還有很多使命未完成。
　　這裡我們就來認識這位視力健康達人，康立公司
的傳奇銷售女王，或者更多人稱她是媽媽，陳乃菱的
故事。

◈ 一個傳奇視力博士背後的哀傷

如今當你有機會遇到乃菱媽媽，你會很驚訝，可能前一分鐘你會覺得她像是個在菜市場賣菜，再普通不過的阿桑，下一分鐘，你會發現自己像是在跟一個醫學博士講話，她說理明確，經常用到各類生理學或種種科學術語，她闡述的是很嚴肅的課題，但又能不失親和地讓你了解切身相關的事。她會拿出一個經常隨身攜帶放大版的可拆解式眼球模型，然後一層一層撥開，跟你細說玻璃體、角膜、水晶體等等關於眼球的醫學知識，以及各種眼睛病變的成因。

當說到重點，為了讓你更切身感受到眼睛的重要，她終於會說出一個令人驚訝的往事，那是一件如果是在十五年前，她是連提都不願提，別人在她面前更是絕不敢說的禁忌。但現在她願意說了，並且也早已擺脫那種一說出口，就哭得情不自已的階段。

如今為了能夠幫助更多人，她已經願意說出她的悲傷往事。

原本乃菱是個充滿活力，一秒鐘都閒不下來，極

具創業家精神的女子。

　　民國 50 年代出生的她，在她所屬年代是非常少見，女子願意投入理工科系，念的是當年全台灣理工學科第一志願，畢業後也到高科技公司在化工實驗室投入高深的研究，在那裏她認識了先生，締結連理後，繼續發揮她天生的旺盛活力，襄助先生的事業，夫妻倆共同打拼生意，也做出一番好的成績，事業有成，家庭美滿，育有一男一女兩個乖巧的孩子，一家人在一起正是一幅典型的幸福家庭寫照。

　　然而天有不測風雲，人有旦夕禍福。特別是曾經經歷過天堂般幸福人生的人，一旦遭逢不幸，那樣的打擊更是常人難以想像。

　　2002 年，恩愛的另一半離世，2004 年，兒子自殺。

　　短短間隔不到兩年間，家中男丁全部過世，只剩母女二人相依為命。

　　曾經被視為無畏無懼的女企業家，也在商場上豪氣不讓鬚眉的奇女子，當碰到接連的人間悲劇，也不禁整個人崩潰，很長一陣子她選擇放棄自己人生，這段時間長達超過十年。

而當時讓乃菱更加悲痛的事是兒子選擇的死亡方式，是怎樣的惶恐無助讓他最終連自己的命都不要了？為何身為母親沒有早點看出他的無助？一次又一次的乃菱無法停止這樣的自責，那是一種不但失去親生骨肉，並且又覺得自己對他的死負有責任的雙重悲痛。

　　那時的她如此的絕望，幾乎沒有人覺得她這一生有可能再站起來。

◇ 從天堂跌到地獄的傷痛

　　其實乃菱那一年的確也想結束自己的生命。因為在她的人生幾乎再沒有任何值得她留戀的事物。

　　可以陪伴一生的伴侶離開了，做為香火傳承寄託的兒子也沒了。什麼事業使命夢想都再也沒有意義，這一生再沒有任何事可以引起她的興趣。

　　當時唯一可以牽絆住她，讓她不要走上輕生之路的就是她的女兒，就算再怎麼傷痛，孩子是無辜的，家人都已經不在了，做母親不捨得讓女兒最後也要孤零零一人。

因此乃菱強忍著悲痛活下來，但她內心裡其實已槁木死灰，活著只是為了讓孩子有媽媽，她不再是那個拚事業的女企業家，兒子過世那年她就已經把自己的生意通通結束掉，接著就是渾渾噩噩的過日子，先是想著至少等女兒大一些再說吧！等到女兒已經成年，她也大致走過最悲傷時刻，不過人生依然如行屍走肉般了無生趣，乃至於如今當要她回想起那段長達超過十年的時間，她竟然也不太記得那時候是怎麼過生活的？

　　總之，最後花光過往所有的儲蓄，以及包含老公的保險金等等，已經戶頭快見底了，她才又不得不重返社會，她選擇的職業是當個清潔婦人，因為對人生不再抱持任何希望的她，覺得這是最不需要動腦，可以與世無爭默默做到老死的工作。

　　說起來為何後來乃菱投入跟推廣視力有關的工作？又為何每當提起視力就提起她的兒子呢？

　　那段她過往都不願提及的傷心往事，的確跟眼睛有關。過往可能由於事業太忙，乃菱並沒有留意到兒

子有提到眼睛有甚麼不舒服，直到有一天夜晚，兒子大喊眼睛痛，看不見了，全家人急忙將兒子送去急診。原來兒子是急性視網膜剝離。經過半夜的緊急手術，兒子的眼睛狀況似乎也暫時穩定了。沒想到隔天醫師正式跟家屬報告病人狀況時，醫師說：「這位太太，很遺憾地必須告訴您，您兒子的視網膜無法真正復原，依現在情況看，他終將會失明，這天可能很快就會來臨。」

也就是醫師已經宣告他兒子即將成為瞎子。那年他兒子才十八歲，就即將再也看不到這美麗的世界。他的人生才正要開始呢！甚至他都還沒有當兵。

當年乃菱一方面先生過世了，她必須一個人操煩事業，二方面也的確真的不知道怎樣面對這種狀況。所以她除了心慌意亂，每天繼續忙碌外，沒有留意到兒子有了很大的心境變化。她沒有想到，孩子即將要當兵，還要迎向許多未知的人生，若眼睛再也看不到了，那是種多大的壓力？

直到突然接到噩耗衝回家，兒子已經用燒炭自殺的方式逃離人間。

乃菱的世界忽然整個崩解，那年是 2004 年，乃菱才四十多歲，正是拚事業的壯年黃金時光，她卻已經選擇提早結束職涯。

當兒子逃出了人間，她也已另一種方式逃出了人間。

◈ 終於再走出來面對社會

十年是段很長的日子，對一個原本就已經年至中年的女子來說，又要往後耽擱十年，那幾乎等同這一生沒戲唱了。

那時絕對想不到，年過五十以後，乃菱像個灰燼裡的餘燼，竟然找到燃點，後來重啟生機，如今又建立起自己一番事業。

那年因為家中經濟越來越窘迫，乃菱不得不打起精神，重新出來社會工作。

年輕時候乃菱和先生闖蕩的是餐飲事業，因此她很早就已取得廚師執照，但實際上，過往以來她並不是個專業廚師，只因為當年做生意需要，她和先生都

是硬著頭皮去考試，筆試對高材生乃菱來說沒問題，但術科部分，真的就是考前半年照著食譜，把那年有個題庫所列的幾十道菜都做過一次，也真的後來考證照過關了。只不過後來人生，乃菱完全沒有以廚藝為業，也不常在家煮飯。

但生活就是這樣，當碰到需求，求生本能就會出來。

重出江湖已經年紀不小的乃菱，靠著過往的餐飲資歷並且手上有張廚師證照，原本她只是去一家幼兒園擔任打掃阿姨，後來憑證照去應徵上知名銀行的工作，擔任公營行庫的廚房阿姨。

那是中斷十年後乃菱終於再次挑戰自己，她一個人要負責該行庫的員工伙食，若做得不好，不但會失業，並且若名聲傳出去，她可能之後再難找到工作。因此她鼓起當年的創業魂，邊做邊學，初始只是做菜做得還可以，沒接到員工抗議，之後越來越到位，乃菱對廚房工作越來越得心應手，到最終她離開公營行庫那年，她已經功力達到可以讓員工隨便點菜，點甚麼都難不倒她。那時每周周五都是沒有菜單，由員工

點菜的時間，而員工知道的是，這位看起來年紀不小的阿姨，晚上回家比所有員工都還認真上課，她每晚都看 Youtube 頻道學做菜，高手就是這樣練出來的。

而經歷過一次成功挑戰不可能，也終於燃起乃菱熄滅已久的戰鬥魂。這回她開始願意走出喪子之痛，更勇敢去面對人生。

那時她走出公家機關，開始願意去面對社會的種種挑戰，最直接的方法，就是去挑戰業務性質的工作，她在 2018 年進入一家電商公司，做的就是婆婆媽媽間的健康食品銷售。

直到那時，她雖然投入社會，但尚未發光發熱，她只是不再自暴自棄，但尚未找到人生的熱情。但命運就是那麼巧妙，她 2018 年年初進入電商公司，同年年底該公司就有了大幅轉變，簡單說，這家電商公司被另一家公司併購了，就這樣，乃菱莫名其妙地，她的東家變成康立公司。

也就是在這家公司，她終於浴火重生。關鍵就在於眼鏡。

◇ 眼睛經歷的奇蹟

其實原本投入電商，就是藉由銷售健康食品，也就是做簡單的買賣賺取生活費。公司被購併後，新公司主力也是營養健康相關，基本上是沒差的。

只不過有一個產品吸引了乃菱的注意。這家公司有個專利商品，叫做負離子眼鏡。原本兒子就是因為視力問題離世的，這讓乃菱對視力相關產品會特別注意，一研究發現很不得了，這東西怎麼那麼神奇？如果當年他兒子早點擁有這類商品，或許後續悲劇就不會發生。

那時康立的前輩告訴乃菱，戴這支眼鏡，甚麼近視老花眼青光眼飛蚊症……等等，都會不見。乃菱邊聽邊心中想著，吹牛也不打草稿？世上如果有那麼好的商品，那眼鏡行就通通倒閉算了。但她真的沒想到，這個負離子眼鏡真的是很神奇，甚至也的確後來她知道，全省的眼鏡行或眼科都拒絕投入這款眼鏡的銷售合作，原因正是這商品太好了，如果大家都來使用，那他們的眼鏡行生意真的不用做了。

曾經經歷過人生極端的傷痛又走出來，如今的乃

菱已經是個非常成熟內斂的人。她不會輕易聽信各種的宣傳，一個產品好不好，要怎樣知道？　她的做法很簡單：就是自己親自嘗試。

乃菱不做則已，一做就要很投入，她自己開始戴負離子眼鏡，不誇張，連續超過一個月，一天整整二十四小時，除了洗澡時需短暫拔除眼鏡，其他時間包含睡覺她都戴著那副眼鏡。然後她終於可以非常自信的跟客戶介紹這款商品，因為她的親身經歷，非常神奇：

原本乃菱自己有近視，加上年紀大了也有老花，度數都不小。但戴負離子眼鏡後一個月，她真的不一樣了。

記得當時她去之前往來的眼鏡行，一進門就跟師傅說，她要重配眼鏡，師傅習以為常般，笑說年紀大了度數越來越深，這是人人都逃不了的啦！乃菱那時候就跟師傅說，您誤會了，我不是度數變深，我是因為度數降低要重配眼鏡。這時候剛好眼鏡行老闆走出來，聽到乃菱的話覺得她說的很不專業，哪有可能有人眼睛度數下降的？就反問乃菱妳怎麼知道妳度數下

降？　乃菱回說從生活中自然可以感受到，當老花眼鏡戴了會有些頭暈，就表示度數太高。

當時老闆不置可否地就叫師傅去幫乃菱驗看看，表情還露出一點輕蔑不屑，沒想到驗完後，乃菱的度數的確比之前下降，並且還下降不少。這讓老闆驚訝到眼睛睜大大的。

也正是這老闆，當乃菱和他談是否願意引進這款眼鏡，老闆就表示沒有眼鏡行會願意賣的，這不是自己拿武器來打自己嗎？

於是乃菱知道，她必須透過其他方式來推廣這款眼鏡。

◈ 熱誠是最大的銷售成功祕訣

當一個人對一個商品真正產生信心，那個信心帶來的力量是很強大的，特別是當那個商品可以連結到自己的兒子，那更是力量無敵。

那一天乃菱確定自己眼睛狀況改善後，回家後，那彷彿乾涸許多的心靈又開始滋潤了，在心裡她又對

著兒子講話，邊講邊哭。她說感謝兒子，也感謝上天，她認為這是老天想藉由這個機會，讓她重新回歸人間，補償當年沒注意到兒子眼睛出狀況的悲痛。

兒子帶給她力量，乃菱決心積極去跟世人宣導，讓不健康的眼睛找回健康，也在很快的時間內，乃菱的業績突飛猛進，如今她的團隊已經是整家公司裡，業績最頂尖的團隊。

乃菱銷售成功的祕訣無它：就是純然的相信。

當你跟乃菱講話，就可以感受到每當她談起負離子眼鏡時候的那種熱誠，你會感覺到她跟妳講話不是基於商業利益，是她「真心感受」到你非常需要這款眼鏡，事實上，乃菱經常推廣眼鏡時候，她並不會因此賺到甚麼錢，她的業績必須結合有人願意加入她事業體系，以及長期購買整個康立旗下的各類健康食品才有。當有人想買眼鏡時，乃菱還會跟對方說，不必跟乃菱買，透過乃菱跟公司買，全省價格一致，況且新朋友有優惠禮。

她總是講出一句非常有智慧的話：這世界任何用

錢買得到的東西，都不是最貴重的，真的重要的東西諸如健康、親情以及真心，用錢不一定買得到。

她會說，眼睛再貴你也不一定買得到，例如有人等換眼角膜等了經年累月也不一定等得到合適的，但真正好的眼鏡確實可以用錢買到。

乃菱已經講視力講成了習慣，她不把這當成生意一環，而是當成她兒子想要透過她為世人傳達的使命。因此任何時刻她都會把握機會，跟任何願意聽她講話的人講解眼睛的重要，再來介紹負離子眼鏡的好。

例如她的所有對外平台，包括名片臉書以及 Line 上的暱稱，就直接標明自己是負離子眼鏡專家，如此特別的名銜，自然會引起其他人注意，也自然會有人好奇的問她甚麼叫負離子眼鏡？如此，她就可以開始做解說。

也因為這樣她累積新客戶很快，畢竟對她來說，人生無處不商場，她去到哪都可以對人做講解。

有一回她去上課，這也是五十歲後的乃菱一個重要的生活習慣，她持續不懈地到處去上課精進，那回

她去上一個行銷課，旁邊坐了一位年紀五十多歲的小姐，看起來年輕幹練，但乃菱憑經驗一看就知道這小姐視力有問題，後來下課一聊天，果然這小姐有嚴重的雙眼視差 0.1~1.0，她抱怨看東西不容易，包括乃菱拿名片給那小姐，她也說她看不清楚名片上的字，並且有多年頭痛的毛病，每天要吃 3 粒普拿疼止痛，吃 2 粒安眠藥才能入睡，甚至懷疑自己是不是腦部出問題，每年都到大醫院做腦部斷層掃描。

乃菱就跟那位小姐說，妳不是頭痛，妳其實是因為視差引起的暈眩不平衡。因為兩人一個住桃園一個住中壢，也一起從台北搭車回家。就只是火車上聊天試戴著負離子眼鏡大約不到 15 分鐘時間，很神奇地，那小姐竟然說，超誇張地，我現在竟然看得清楚妳名片上的字了，這太令人驚訝了。就這樣，那位小姐後來也成了乃菱的客戶戴了負離子眼鏡，時不時轉介紹客戶給乃菱。

◈ **找到終身的使命**

重新站起的乃菱，雖然憑著滿腔熱血，懷抱著要

將愛兒子的心意轉為大愛的那種強大信念做銷售，能夠做出成績。但真正要讓她的組織做大，其實靠著並不是這樣每天一對一的拜訪陌生客戶，以組織推廣來說，這樣子的效率是不夠的。

說起來乃菱覺得上天也有幫助她，經常帶給她貴人。乃菱的組織後來可以成長為全公司最大，除了自身的熱誠與努力，最重要的還是因為他建構出一個具備專業菁英的團隊，也就是她的系統裡有許多戰將型的業務好手，各自在不同領域裡發揮實力，也讓乃菱體系的客戶群分散非常廣，她的團隊底下包含有獅子會的成員，全國知名教育培訓體系的成員，也包含許多知名演藝圈的人，乃菱就像一個分封各地郡縣的大領主，各地分治開疆闢土，為她建立出強大的事業王國。

當然重點是要先找到那位戰將，而乃菱短短從2018 年到 2022 年間成長快速，中間還遭逢到全球疫情，但**她的團隊依然是 No1，也都是因為她的人格感召，讓一個個重量級人物加入她旗下。**

例如她在某個場合認識一位女子，聊天下知道她

有乾眼症及白內障問題，根源是因為她之前生活太忙碌，眼睛本就不好，又當了一年國際商會的會長，太過操勞眼力更加惡化。乃菱很關心這位女子，誠心介紹這位女子戴負離子眼鏡，如她所料，在很短時間內，那女子乾眼症消失了，白內障狀況也有改善。但乃菱沒料的是，原來這女子也是台灣某個重量級培訓集團的菁英講師，透過這位女子，後來引介乃菱加入那個培訓團隊，於是如今該培訓集團不但有許多人戴起負離子眼鏡，而且她們各個本來都是銷售專家，也快速的把這產品推廣給學員。

類似的場景，也出現在獅子會及許多商業社團，同樣地也是去上課因為遇到有學員有眼睛問題，當乃菱去關心後，對方試戴眼鏡後來有了很大的改善，之後透過那人的影響力，把眼鏡推廣到獅子會群體裡。當初乃菱並沒有刻意要去獅子會做推廣，只是因為一念之善，她跟朋友做純分享。也因此她總是不抱著商業目的，最終卻取得商業上的業績。

如今身為一個資深的團隊 Leader，乃菱也經常去

各地演講。

　　她會告訴年輕人，大家都想要賺錢，但請別忘記，人們掏錢的前提是要需求得到滿足。**一個人若只想著賺錢不一定賺得到錢，但若一心想著如何為他人服務，這樣往往更能認識客源，取得銷售佳績。**

　　她也會請年輕人，心態上總是保持著肯學習上進的心，就以她自身來說，乃菱笑稱自己如今都已年過六十，但依然還是把自己當成學生，因此她經年累月地，覺得有助於自己的課都去上，組織裡的培訓課不用說，永遠不要以為自己對公司很了解了，時代日新月異，就以視力這件事來說，你怎知道上月某個國家沒有提出一個新的視力見解呢？多上課就能跟上最新趨勢進度。而外頭各類的不論是行銷、勵志、身心靈成長，或任何有助於自我提升的課，有時間都要去上。

　　實際上，乃菱說她自己很多的客戶，就是在課堂上認識的。

　　最終，無論如何，**人生在世不要喪失正向的信**

念。如果有可能，因為一己的努力，去幫助到任何一個人，那你就要去做。

曾經她想過要放棄人生，如今她把每天都當成最後一天努力地去過，她知道大部分人還是不瞭解視力的重要，因此任重道遠，她每天都忙碌著去跟不同的人做宣導。

如今有時候想起孩子，乃菱心中仍會傷痛，有時候看著孩子年輕的照片也會忍不住悲從中來，但現在的她已經真正化悲痛為力量，把全世界的人都當成自己的孩子，保護住他們的視力，這是乃菱終身的使命。

築夢者心法

思維探討：人生一定要賺大錢或者成為名人才算成功嗎？如果命運之路比較坎坷的人，是否也依然可以築夢？

築夢銘言：呼求主名就必得救！歷年逐日暗中加起來！

神啊！救救我吧！

宥靜

　　當你坐在她的面前，看到她用過於認真的態度與你應對，你知道她是個將壓力煎熬轉化為不與命運對抗只專注當下的女子。

　　以任何定義來看，她都難以被視為是一個成功者。

　　當你看到她慎重地翻開手中的筆記本，

你看到一頁頁圖文並茂的學習與生活紀錄，

　　她真的很努力把所學習的觀念與新知用筆而非鍵盤工整寫下來，也把看到的重要資訊列印剪貼整齊地貼在不同頁面。

　　她也會自製圖表整合不同理念，為加強印象她還會搭配跟該堂課程相關的個人與老師的照片。

　　總之，她是個認真、過好每個今天的平凡人。

　　她是宥靜，一個非傳統定義的築夢人。

◇ 從小就經歷大起大落

人生意義是何在？答案已經找出來；對宥靜來說，她很早就對這個主題有清楚的經歷：

人就是一器皿，為了盛裝神，彰顯神的榮耀。（寶貝放在瓦器裏）

因我們神憐憫的心腸，叫清晨的日光從高天臨到我們，要照亮坐在黑暗中死蔭裏的人，把我們的腳引到平安的路上。（路加福音1:78-1:79）

這樣的思維可能植基於小時候就常去教會，但更大原因還是來自於她從小跟家人經歷了許多人生無常。

宥靜的父母各自都有許多傳奇般的故事，爸爸是戰亂時代九死一生從山東逃難而來，即便在如此可以說一無所有的基礎下，他依然能夠白手起家與人合夥創建一家紡織廠。而媽媽則是身世淒涼的養女，人生

回首也是點點滴滴充滿不可思議的故事。而對宥靜來說，不論是父方或母方，她似乎沒有一個上溯的宗族源頭。也因此她從小就是個有點失根的女孩。

無論如何，小時候宥靜家境算是不錯的，由於媽媽小時候日子過得苦，因此對於教養女兒，她會讓兒女能學甚麼都盡量學，於是看到人家小孩在上甚麼課，例如書法、古箏、鋼琴等等，她也會讓宥靜去學。宥靜還記得她小時候去老師家學琴，有時搭計程車去的，基本上仍算是有錢女孩家的生活模式。

然而這種千金小姐的日子沒能享受太久，家中就發生了變故。因家人投資理財失利，到底是遇到詐騙還是錯誤的槓桿操作？細節已不可考。總之那時不僅是損失大錢，還連家中房子都被抵押。

結果昨天還能風光在家練琴，今天卻看到家裡被貼上封條，而那台寶貝鋼琴也被鄰居趁父母不在家時用一台卡車載走了。父親生病，而母親那時也必須去另覓幫傭工作，後來去醫院從事看護工作。

不過宥靜的父母韌性很高，因著為人敦厚老實，

加上原本的技能還在，爸爸工廠的秘書王阿姨，仍設法幫他們東山再起，因此不久後父親又在桃園租賃工廠。只是這時候的經營就比較刻苦，包括宥靜跟哥哥也需協助廠中雜務。

從小就經歷這樣大起大落的生活變遷，也看到身邊周遭許多的人事無常，這讓宥靜有種「對人生看開，為五斗米折腰」過日子的心態，所以，她從來不是那種積極想要追求甚麼成功目標的女子，但她也從不偷懶，她的夢想就是過好每一個「現在」。

◇ 後悔沒有特效藥，千金難買早知道

人生可以「早知道」嗎？許多人喜歡談從前，花很多時間在緬懷後悔過往若如何如何，現在就可以怎樣怎樣。

例如宥靜從小居住十多年的石牌老家，後來是用極低價賣掉，有人就說如果當時撐一下，現在那房子價值上億了呢！

但後悔這些並不能改變現狀，總之後來宥靜一家

轉往桃園發展。爸爸初始是與人合作經營廠房，之後拆夥轉為自營，但限於資金壓力，廠房規模越做越小。此時傳統紡織機已成夕陽工業，現代化高速機器才是主流。

不過從爸爸那邊，宥靜看到一件事，好不容易養家活口求生存，不論大環境如何終會找到活路。宥靜在五專主修的是會統，畢業後中斷幾年，近三十歲時又深造貿易相關，後來靠著這些技能，就算在職場上有不同異動，但即便年過中年，只要不太計較薪資，都還依然可以找到工作。

那些年的耳濡目染，宥靜從爸爸那看到他為求生存的廠務和業務力；爸爸雖年幼時候因意外事故，摔壞了一隻眼睛，可是他依然擁有業界公認的驗布功力，老闆都把他視為工廠支柱。從一個工廠學徒後來被重用，之後創業。也因為業務力，才能二度創業。

人生不該浪費時間去談甚麼「早知道」，但對宥

靜來說，她覺得「早該知道」也早點做，就那就是：投入業務力的學習。她想若年輕時候就學習發展業務潛能，並且多從事相關性質工作，那人生肯定就會有很大的不一樣。

（特別值得一提的是，其實每個人從小就有業務能力，大多能向父母哭到食物，不是嗎？）

不論如何，直到又經歷二十年的職涯變遷，也又看到許多的人生無常後，宥靜才真正投入業務性質工作，如今她在知名的美妝直銷體系打拼，她的成績不算亮眼，許多時候個性質樸的她也不擅長跟陌生人交際，即便如此，她也知道業務力是改變生活提升經濟的關鍵，而在這之前的二十年，她過的都是領取有限薪資的平凡人歲月。（貧窮的思維，造就今日的財富）

◈ 世事滄桑，人情冷暖

從富裕生活來到刻苦生活，那斷層式的人情冷暖，宥靜是非常有感覺的，那時她還是個學生，就清

楚感受到，身邊本來很多朋友，還有認乾哥哥，走到哪都可以呼朋引伴的。家中出事後，卻少有人來關心，等一回首身邊朋友竟然大部分都不見了。

家裡後來繼續經營紡織廠，那過程也不是很平順，光廠房就搬過好幾次，從平鎮、新屋、龜山、後來搬去八德。所謂廠房搬遷可不是像一般家庭搬遷那樣，用一兩台搬家卡車就好，工廠裡的機械是又大又重的，並且必須用手挖坑焊接固定在地板上，每次搬遷拆卸都是大工程，一次工廠遷移費用都是百萬起跳。（更何況是經歷搬了好幾次，賺的又消耗下去了。）要不是有不得已的苦衷，是不會選擇遷廠的。像是在八德的廠房，原本好好的，只因政府把廠房土地一部分列入交通要道，最後她們還是被迫搬遷。並且長年處在機器噪音轟炸下，至今宥靜也已經聽力受損。

而最終落腳的鐵皮屋廠房，已經跟從前家中最興旺時代有很大差距，家人租住的地方很克難，廠房位在很偏僻的地方，也沒甚麼生活機能。當時家中沒甚

麼錢了，為了生計工廠必須 24 小時不斷運轉，尤其她和哥哥在外地唸書，爸媽可說是沒日沒夜的在工作，為供給他們無後顧之憂。即便不顧健康，認真打拼，但遭逢不景氣，生意難做，還有客戶倒帳等等，有陣子家中窮到偶爾才吃到蛋炒飯，而處境每況愈下，後來爸爸無法準時發放工資，被生活搞得焦頭爛額，有一天他突然中風。遭逢大難，全家不知所措，不到兩個禮拜，能吃到蛋炒飯的爸爸卻不幸往生。所以直到現在，宥靜一碰到蛋炒飯就想到當年的困苦，所以她現在很愛吃蛋炒飯，才能常常重溫往日情。

五專畢業後，除了在家幫忙，她曾在麥當勞工作，也去擔任過清潔員，還有小企業負責端茶水的總機助理，甚至也有一陣子在靈骨塔樓工作。宥靜覺得她配合度很高，也認為職業不分貴賤，但她後來確定不愛有掃廁所那類的行政助理工作，不是一種歧視，而是她無法接受那樣的環境。便去考國小代課老師，也當音樂老師；後來，宥靜在追尋一技之長，一種正職的能力。

那年宥靜二十四歲，家中工廠還有積欠員工工資等要處理，大哥、媽媽四處求神問卜，大哥有時幫忙廟會去扛轎子，但屋漏偏逢連夜雨，就連扛轎子也不小心弄斷御座支架，沒賺到錢還得賠了 13 萬。

　　不久家裡分家，宥靜跟著大哥、媽媽，由原本有二十台機器的廠房規模縮小到只剩六台機器，而宥靜住的地方，就在工廠的頂樓，一個很窄小窘迫的鐵皮屋，所謂世態炎涼，就是這樣。

　　有時媽媽在台北做看護，也在那時候，她沒有甚麼社交，就是生活。

　　直到二十八歲的時候，大哥把工廠收掉，跑去台北自力更生。而一個機緣讓宥靜依然留在桃園。

　　至此，真的變成一個人生活了。

◈ 總要獨立；還好…有教會

　　似乎無倚無靠時，從教會中，宥靜卻找到了人間溫暖。

　　小時候，家住石牌，後面巷子附近有間長老教

會。那時候有大哥哥大姊姊講故事、教唱歌、玩遊戲。得此鼓勵，宥靜就常跑教會。那時她常在電線桿上，看到「我找到了」的小告示，對當年的宥靜來說，她不知道什麼是神？也不知道甚麼叫「我找到了」，她只知道教會有好好吃的餅乾，以及任何時候那裏總有人笑意盈盈的接待你，不論貧富貴賤，教會都不吝對你伸出溫暖的雙手。

而在二十八歲這年，也是因為教會，讓宥靜選擇留在桃園。

那是一個長年關心她的教會周媽媽，常關心宥靜，鼓勵她。

宥靜住在大園的時間長達八年，無論如何，透過半工半讀，後來她考上了夜二技國貿科，當時她已經快三十歲了，是個老學生。但宥靜不在乎別人的眼光，她就努力地念書，白天也繼續工作，因為她的認真態度，畢業後她服務的都是上市上櫃的電子科技企業，雖然只是擔任技術員，但至少她能夠自力更生，

以一個單身弱女子，好好養活自己。

回想起自己的生涯，宥靜覺得自己只是個再平凡不過的小人物，但她很驕傲自己認真去過每一天。

◈ 三十歲以後的人生

宥靜的工作時間大多是大夜班。這其實不是對身體好的工作模式，但宥靜已經習慣了，在家裡還經營工廠時，她跟哥哥原本就經常輪班顧大夜，反正她就早上睡覺，下午活動，晚上上班。宥靜半工半讀時期，也是如此，直到三十二歲畢業後，她的主力工作就是去科技大廠，這產業的模式是做二休二。

天下沒有白吃的午餐，總在夾縫中求生存。

大概也因為對人缺乏信心，且工作環境很單純，所以宥靜的生活圈並沒有甚麼社交，她也一直維持單身。

三十八歲那年，房東麗卿姐舉家要搬遷去澎湖，這時透過周媽媽的引薦，宥靜搬到桃園，後來自己買

房子。

對於教會的周媽媽，宥靜心中充滿感恩，因為在親友離散的時候，她願意伸出援手，照顧她。後來也是因為周媽媽的建議，宥靜才開始投資置產。

這個周媽媽不僅熱心善良；常適時的給予宥靜智慧的言語，並且對理財也很有一套，由於宥靜本身也是學商的有基本底子，周媽媽跟她分析如何透過存錢買屋，不然將來老了住哪？也特別叮嚀，要買有電梯的，否則一定後悔。其實在過往八九年期間，周媽媽也協助宥靜管理財務，教她如何不要亂花錢，如何把錢放在對的地方等等。也在周媽媽和麗卿姐的教導下，曾經宥靜一天就只能花一百元，真是由奢入儉難，生活簡單卻少了不少煩惱。

即便如此，因為收入不多，宥靜要買屋可以拿出的自備款也只有五十萬。感恩又是透過教會聖徒的關係，介紹一間位在縱貫路上，有電梯的大廈，交通機能方便，離市場也近，斡旋金 10 萬元本票，屋主立

馬約簽約。平心而論，如果是一般家庭一看到這房子，可能連細看流程都取消直接掉頭就走，但對宥靜來說，她只是一個人，只求有屋簷遮風避雨夜裡可以安穩睡覺就好。

宥靜很感動的是教會把她的事當成大家共同的事來關心，看屋及交涉期間，有很多教會兄弟姊妹來陪伴，為她壯大聲勢，所以後來談判屋價以及貸款都有取得比較優惠。

就這樣宥靜擁有自己的資產。

雖然生活依舊不容易。然而過往三四十年來經歷了太多的低谷，如今這樣的事對宥靜來說心中已經波瀾不興。

在感情路上，當然宥靜也曾有機會跟異性交往，但很難碰到真心相待的人，有一陣子她為了跟一個男性朋友見面，偶有請假，最終那男子還是甩了她。

此時正逢 2020 疫情將席捲全球，許多工廠也因

此訂單被取消或產能大減，面臨經營危機，就在這樣的時候，宥靜又是屬於第一波被列入可以勸退裁員的人員，一下子兩頭空。後來宥靜也就離開那家公司，這回她選擇不再當上班族了；因此將可申請勞退的年資了。

　　繼續過好自己的每一天，就是宥靜對自己最大的期許。

◇ 開始投入業務工作

　　原來在整理過往經歷，宥靜也深深思考著自己的人生，還有房貸要付、生活要顧，宥靜內心有個深切的渴望…早日財富自由、提早真正退休；但誰能救我？怎麼辦呢？此時，宥靜看到了一句話，並大膽的走上去……

　　「大多數的經理人都是從業務開始。」

　　但這真的不容易，因為已經長達二三十年時間，

宥靜主要工作都是與機器為主，她真的很不擅與人應對進退。

可是總得有個開始，剛好有個朋友在做房仲，她就先去學習當房仲。

宥靜很密集的去上很多跟銷售相關的課，初始因為疫情，只能線上上課，後來疫情逐漸緩解，就去實體上課。要懂與人應對進退，因為她知道作生意如果自己懂得領域越多，將來跟客戶聊天話題也比較多。也學面相，一方面懂得識人就較不會被人騙，也因此，從孫瑞輿老師那得知：愛好運要如何打造自己。

不過只做了九天，她發現這行不但沒底薪，並且在真正賺到錢之前，自己要先負擔很多開銷。比較起來，失業補助金金額還比較高；因為房貸每月得繳，周媽曾說：賣掉就沒有了。但她也不能長期依賴失業補助金。

很巧的，認識多年的大姐，轉發分享一張額頭發亮的美女照，就這樣因緣際會，宥靜被引薦認識了一個國內知名的美妝直銷體系，一家生技公司。

　　也因為這兩三年她勤於學習各種銷售技巧，最起碼，她已經打開心房，比起從前她更敢跟陌生人交流，站在這樣的基礎上，她也在這家生技公司，穩扎穩打的開始有系統的經營。

　　雖然直到目前，她的成績不算亮眼，但也已經做到可以約等於過往上班族的收入，相信持之以恆，終究宥靜她會做出一番成績。

　　看完宥靜的故事，可能許多讀者會想，這似乎不是個勵志故事，也並沒有什麼成功的學習策略。

　　但以本書系列主題來說，這的確依然是個築夢的歷程。

　　這讓我們知道，所謂築夢，每人雖起跑點不同，但所擁有的時間是一樣的。

　　就算獨自一個人，也要能夠照顧好自己。

如今，宥靜最快樂的兩件事：一個是要挑戰自己，逐步在業務領域做出成績，由於當初是從零開始，因此她很高興自己可以步步踏實，先服務好每個客戶，然後追求長期的成長。另一個就是學習的樂趣，宥靜如今透過學習，覺得這世界好寬廣，因為有太多的東西可以學。例如她現在頗有心得的領域是命理，甚至有機會她也考慮可以開發這方面的副業。

她可以具體將所學應用在自己居家布置上，例如有段時間她覺得運勢很不順，她從張粲梁老師得知簡易風水，一個斷捨離整理很重要的故事：就是臣子為了方便晚年的乾隆，在天壇的後方祭祀皇家祖先寵物，開了一個便門，在西南方。但是乾隆子孫懶惰不走正門，於是堵住，規定七十歲以上的君王才能走這個門。結果後代君王沒有超過七十歲的。因為西南方堵住，就形成杜門的煞氣。（杜門主閉塞，不通暢，所以杜門門破斷事情阻力大、難以成功。）原來家中的某些東西，擋住了風水流通，之後宥靜也投入一些

時間，自己審視家裡環境，她做了一次徹底的斷捨離，把平常根本不用的家具包括跑步機等，能清的就清掉。這樣住家看來更清爽，心情也會比較平靜。

人生無常，不論今天一個人是富豪企業家或平凡小百姓，在命運面前大家都是平等的，我們都無法知道明天會不會突然發生甚麼事。

但我們可以練就的，就是給予自己基本的尊重以及珍惜每個當下。

畢竟人生就是由每個平凡的一天累積而成的。

就算是平凡的當下，也可以有著平凡的快樂。

Part 3

成就典範篇

思維探討：如果覺得自己現在處境艱難，先不要抱怨日子多苦，要想想是不是人生有負面境界，反倒可以激勵自己大幅成長？

築夢銘言：訂下計畫，事情做了不一定成功，但不做一定不會成功，看你如何抉擇？

我如何從負債兩百萬到成就千萬事業

阮智偉

　　他相信人生的各項成就沒有僥倖，一個人可以因為機運好遇到貴人或碰上好時機，但最終要做出一番成績，依然有賴自己的實力。

　　也許有人因為投機取巧得到好處，但那些沒有紮

實基礎做後盾的事業一定無法長久。就好比如今已是房地產達人，也擁有自己建設事業的他，能夠以「千萬元」甚至「億元」為單位計算投資獲利以及事業盈餘，那也是因為他曾經一步一腳印走過那些個以「千元」以「萬元」為單位賺取生計的打拼年代。

阮智偉，一個總是認真規劃自己人生的人，他付出的比別人早也比別人用心，因此才三十幾歲就已經成就千萬富翁的位階。

他總是一方面認真投入當下，一方面也提早規劃下一個階段的進程。

無論事業婚姻理財以及業界聲譽，都達到令人敬羨的高度。他是如何走到如今的成功？過程中做對了哪些事呢？

以下是他的故事。

◈ 一個真正的青年成功典範

　　似乎許多成功企業家都有個比較不順遂的童年，那或許是一種不幸，但若秉持著正向信念去看待生活中的挫折，那反倒是一種刺激成長的養分。

　　阮智偉坦承他的原生家庭是有些狀況，然而日後回想，若不是因為從小就被環境逼得要自立自強，假定他成長於安逸中，那未必能獲致他將來的種種成就。

　　由於父母的特殊狀況，身為四個孩子的老大，智偉從小就肩負著「長兄如父」的角色，在父親經常宿醉母親則不常在家的那些年，他要照養著底下三個年紀有點差距弟弟們的生活。

　　如果只是這樣，那可能可以造就出一個能承擔責任的青年，尚無法淬鍊出一個精明幹練的企業幹才，但智偉的原生家庭問題遠不只如此，除了父母長期管教缺席外，還有如噩夢般伴隨著他成長的債務，可以說，直到他 28 歲結婚自立門戶前，他的人生存在意義，似乎就是被迫要不斷地為爸媽償還債務。

　　永遠有高達六七位數字的債務等著要智偉協助清

償，逼得他從少年時代就已經練就對錢的敏感度，以及無時無刻都在想方設法，怎樣再去賺更多錢來拯救這個家？

這樣的歷練勝過任何財經企管學校的教育，簡單說智偉從小就被投入「人生」這個殘酷的現實戰場去求生存。如今回想起來，有時候智偉都無法想像，如果要自己再重新走路那樣的還債歷程，他還受不受得了？

總之，才中學年紀的他就已經清楚建立一個信念：**「處在這猛獸叢林般的社會，我沒有任何靠山，我沒有退路，除了讓自己更強大，沒有其他生存方法。」**

比較特別的一件事：許多走過艱困成長歷程，比別人更早歷經滄桑的人，會變得比較市儈，比較冷血無情。但阮智偉卻很特別的，他成長成一個陽光大男孩，具備親和力以及發諸內心的善念還有正向影響力，他沒有因為受到父母影響而承襲任何惡習，他不菸不酒更從來不賭，乃至於他還比大部分的成年人要愛家，他這一生至今一次也不曾涉入聲色場所，他的

結婚對象是十七歲就認識的青梅竹馬，除了妻子，智偉這輩子沒有去愛過第二個女人。

身為愛家愛妻並擁有一對可愛兒女的模範父親，**阮智偉如今為人稱道的另一件事，就是他真正可以做到生活各面向的平衡**。一個擁有千萬事業成就，受過他培訓教導的學生超過上百人，專注在房地產，運用房地產功能協助自己及身邊的人達到財富自由，這樣子被很多人尊崇的導師，卻可以真的做到幾乎天天晚上回家吃晚餐，也從不缺席孩子成長的任何重要時刻，他的妻子能夠擁有先生的忠誠以及陪伴，每一個生日以及重要節日，智偉總是用心規劃，愛心滿滿。這甚至是比賺大錢還要更難企及的境界，智偉如何做到事業與家庭兼顧？一方面不斷締造年收入新巔峰，一方面也從不忽略家人同時也能照應自己的夥伴，包含自己的健康維護以及身心靈學習成長，也通通都能照應到。比起在事業以及財富上的成就，智偉覺得自己更覺驕傲的是他能夠做到各面向的平衡，照顧自己及家人和企業，也長年投入公益不缺席。

一個人要達成像智偉這樣的境界，是有可能的嗎？

　　智偉總是跟他的團隊以及上課學員分享，他說：「當然有可能，也一定有可能。如果連像我這般直到二十多歲時，資產都還是負幾十萬，這樣後來都能成功，那**任何人一定都可以做到。只看你決心夠不夠而已。**」

◈ 被債務逼著成長

　　是的，成不成功，就看你有沒有那個決心。當你老想著，算了，這回先放棄吧！幹嘛對自己那麼嚴苛？那你終究會讓「放棄」成為一種習慣，直到七老八十都還在想著事情若做不成，算了，「以後」再說。

　　在智偉青少年時代，他是無法把該做的事情延到「以後」的，最現實的問題就是債務，每個月都有一筆筆的帳單等著他去處理。從小智偉就知道，**人生道路要能走得長遠，「信用」很重要，因此即便在還債最辛苦的時候，他都沒有讓自己信用留下瑕疵。**

他讓自己維持好信用，也被環境逼著成為金融達人，他非常熟悉各種利率投報率以及銀行債信等知識，也已被磨練出很善於做資金導流，他清楚知曉如何搭配截止期限去挖東牆補西牆。事實上，他實在太想了解銀行是如何運作的？後來他乾脆直接去銀行上班，這一加入金融業服務，他一待就是十年。

不菸不賭沒有惡習的智偉，卻從十七歲那年就開始背債，這裡指的不是他平日賺錢還債的那類債，而是他當時就得犧牲自己的信用額度，讓自己成為家裡的金庫。當一滿十八歲成年，他不久就讓自己的每張信用卡額度擴張到極致，也徹底應用自己的信用額度，甚至也包括他學生時代就得四處張羅，跟他的朋友圈東借一萬西借五千的，這些加起來構成他往後長達十年以上的債務噩夢。

也因為借錢，智偉很早就認清不同的人性面，真的有那種兩肋插刀相挺，完全不會催款的義氣朋友，但多的是不借錢還嘲諷，或者因為一個人沒錢就擺出瞧不起態勢的人。正是這樣從小就見多了世面，智偉培養了堅定的心志，這對他日後做業務工作有極大的

影響，具體來說，**他不會因為銷售被拒絕而沮喪，也不會在工作中融入太多情緒化，他成熟穩健，設定目標，中間任何的人情干擾都不會引起他內心波瀾。**

智偉日後回顧成長經歷，他告訴年輕人，**若有甚麼趁年輕就奠基然後有助於日後事業的，那就是盡早去多多認識人吧！越多人越好。**

智偉說：最終你會發現，這世上到處都是貴人。**所謂貴人有兩種，一種是直接拉你一把的貴人，更多的一種是負能量貴人，你會發現那些刺激你打擊你的人，不也是你的貴人嗎？就是他們帶來的負面情境，刺激你成長茁壯，若人生太順了，你反倒就不會想精進了。**

所以，永遠要感謝身邊的人，他們都是貴人。

◈ 經歷三階段的理財觀念成長

總之，智偉從青少年到二十八歲結婚前這段人生，就是與債務追逐奔跑的人生。他沒有心思去想甚麼憂鬱悲傷或者哪裡有甚麼貪玩逸樂這類的俗事，只因為他滿心都被還債這件事佔滿。

最早還十幾歲的年代，智偉以為所謂賺錢，就是去做幾份工作，高職時期他為了賺錢特別去念商科，退伍後一分鐘都沒浪費地就去找工作，也安排了早晚及假日的兼差。也在因緣際會下，後來得以被銀行錄取，擔任最基層的事務人員。對一般人特別是上班族來說，金融業算是薪資水平較不錯的行業。

　　這是他人生第一階段的理財觀：肯做肯拚就有收入。

　　漸漸地，他發現到，賺錢不能只靠努力，同樣時間付出，有的人就是比其他人可以賺更多錢，也就是說賺錢必須要有效率。這主要來自於他在銀行界服務時的觀察，比起大部分人上班下班的制式流程，智偉花了更多用心去觀察及學習，也因此他有特別留意到，**那些有辦法在銀行存入大筆金額的人，背後都有一套理財學問，那絕不是單純的朝九晚五工作模式所可以賺到的。**

　　這是他人生第二階段的理財觀：肯做肯拚很重要，但必須搭配聰明理財。

　　也因此智偉從富人那邊學到，要先投資腦袋才能

快速擴充口袋，而且學歷非常重要。為此，原本只有高商學歷的他，選擇犧牲一些打工的機會，改為投入時間去念書，靠著邊上班邊研習，先念二專接著繼續唸二技，後來也取得大學財經學位。

智偉在銀行服務十年，主要就是邊賺錢（相對於其他行業這裡的確賺錢比較有效率），還需要邊念書。另外很重要的一點，在銀行這樣的環境，他不論要取得貸款融資或各種金融優惠，身為員工都比較有優勢。

就這樣，他在銀行服務到三十歲出頭。然後他做了一個讓周邊親友跌破眼鏡的決定。

人家說，在銀行上班等同捧著金飯碗，更且像智偉這樣已經有十年資歷的資深行員，這一生更是生計無虞。但智偉卻選擇在三十多歲黃金時刻離職。因為他覺得時候到了。

這時候已經進入人生理財的第三階段：他要開始賺取收入「無上限」的財富，而這是任何體制內服務得不到的。

但要做這樣的抉擇容易嗎？要放棄安穩的收入來源前，真的已經做出明確的評估了嗎？

其實智偉的個性絕非衝動莽撞型，相反地他非常謹慎，做事情一步一腳印，當他決定跳出上班族舒適圈，前提絕對是他已經做好準備。

◈ **投入業務做出了成績**

離職考量分成兩個層面。

一個是現實面：智偉發現，他和妻子兩人再怎麼努力，賺的錢就頂多可以達到收支兩平，智偉在結婚那年就已經跟原生家庭談好，他有自己的家庭要照顧，今後不再為爸媽的債務扛責任。然而過往為了幫家人還債所累積借貸的債務，已超過兩百萬，這構成每月的生計壓力。當確認就算在銀行服務一輩子，這樣賺錢還債勉強維持生計的生活也不會改變，那當然生涯就必須改弦易張。

一個是發展面：其實智偉在正式離職前兩年，的確就已經設法去開拓新的事業，也如同他從企業家前輩所學習到的，要想賺大錢，就必須投入業務性質

工作。

　　那年在銀行服務年薪大約八十萬，對一個三十歲左右的年輕人，還有甚麼工作收入可以超過這個呢？最早，智偉開始接觸到的業務性質工作，就是直到今天在傳直銷界能有相當名氣的賀寶芙。

　　從某一天因緣際會接觸到賀寶芙，知曉這個產業的佼佼者年收入可以達到好幾百萬甚至千萬，智偉就決心要來挑戰這樣的業務工作。

　　他真的拚了命在做，當時他平日白天還在銀行上班，只能充分利用下班以及假日時間。過往沒有業務經驗的他，沒有面子問題，也沒時間耽誤，他就是硬著頭皮採取各種可以想到的陌生開發辦法，包括在路上發問卷、挨家挨戶去店家敲門，以及在公車或人群聚集地方隨機跟陌生人攀談。反正為了拓展業績，他甚麼都願意嘗試。

　　智偉還為自己訂下一個基本目標，那就是規定自己每天要談過五個人才能回家睡覺。當時他下班都已經六七點，然後要去辦公室拿貨以及準備資料，接著

就設法去找人，他嚴格要求自己，不達標就不回家，初始沒經驗，找不到人願意談，他忙到清晨兩三點才回家。甚至當到了半夜仍未達標，他乾脆直接去便利商店等 24 小時營業場所直接和店員聊。反正不達目的絕不回家。

憑著這樣毅力，不知不覺有一天他被通知因為業績優異卓著，要去接受表揚。這是很令人驚訝的事，不僅因為他是初入行才半年的新人，更因為他是兼差性質，只能用下班時間做傳直銷。

隨著逐漸做出業績，智偉發現這條路是可以走的，在經過跟妻子商量後，他要大膽做出更大嘗試：借錢開店。畢竟，夫妻倆討論：都已經負債兩百多萬了，不差再加個一二十萬開店。

他們的想法：不做，永遠不會成功，做了就有機會翻身，若不幸失敗了，反正也只是回復原本負債的情況。

那時妻子也已懷孕，擔心妻子每天上下班危險，智偉讓妻子辭掉工作專心在家，而他更是已經破釜沉舟，非成功不可。

就這樣，智偉有了自己的店面，以賀寶芙產品為主力，成立推廣健康飲食的傳直銷據點。並且發揮他鍥而不捨的毅力，每天四點多就起床做外送，下班及假日時段去周邊掃街，去社區拜訪總幹事，逢人就叔叔阿姨的敬禮打招呼，後來也辦了各類型的健康諮詢體驗會。

天下無難事，只怕有心人。智偉是那麼的努力，很快地，他做出了成績，不僅他的店面總是門庭若市，成為在地的健康聚會中心。並且他也建立起自己的團隊。

這樣的形式做了半年，計算收益，光半年裡他的淨利加上組織獎金，已經將近九十萬。這收入已經比上班年薪多了。

但謹慎的智偉，仍無法做出抉擇離職，畢竟他有家庭要顧，過往債務也仍在清償，他必須審慎再審慎。

於是他決定給自己兩年的緩衝期。

◆ 再也不怕任何挫折打擊

依據勞基法規定，孩子出身那年智偉請了兩年育嬰假，這同時也是他衝事業評估的緩衝期。具體來說，兩年後他事業衝起來了，那毫無懸念地，就離職投入事業。若不幸事業沒想像中美好，那至少還有退路，就銷假回銀行上班。

請了育嬰假，智偉有更多時間投入事業，他也的確做出佳績，半年內就開拓了四家分店。一切看起來順風順水的。

但事情真會那麼平順嗎？

終於可以判斷當時請育嬰假是對的嗎？

因為很多事不是看開頭就可以判斷結尾，以傳直銷事業來看，的確很多狀況要經過時間考驗才會出現。就正好在育嬰假即將期滿的前半年，智偉的組織發生狀況，業績直掉。

這讓智偉陷入兩難，但同時他也告訴自己，這正是老天又要給你功課，反正做人不要太習慣處在順遂裡，總要有狀況出現才能激勵自己成長。

總之那是一次很大的抉擇，過程中智偉和妻子以

及事業一起打拼的夥伴，開了許多次會。

最終智偉決定，人生不能走回頭路，他選擇還是要投入業務事業這條路。但也知道目前出問題了，所以必須有所轉型。具體做法，智偉毅然決然把他全部的店收掉，帶著全體願意繼續打拼的夥伴，一起轉戰台北市，跟當時的一位總裁合作，在台北市松江路重新打造一個旗艦店。

這是一個很難的決定，畢竟當時智偉有著相當事業版圖，在三峽樹林蘆洲永和都有分店，但他也知道，店數再多，如果獲利少甚至有的虧損的話，還不如重起爐灶。

而新的決定證明是正確的，集中一批願意打拼的人才在台北市的旗艦店奮鬥，透過團體戰，以辦活動、開講座、推出財務說明會等模式，藉由夥伴間的彼此激勵，碰撞火花。很快地，智偉又做出一番新氣象。

當時他若選擇退回銀行上班，那就不會有日後這樣的高收入。但的確剛選擇正式離開銀行，投入台北新戰場，那時有段有驚無險地青黃不接時期，可是人

生總要冒點險，不讓自己這樣一無反顧衝向戰場，又怎麼迎向一個嶄新的幸福世界呢？

當然，日後也不是一帆風順，事實上以結局來說，智偉終究離開賀寶芙這個健康事業。但那個過程，已經練就智偉成為一個真正企業家的格局。

從當時做下抉擇，後來在台北做出成績，之後五年內，智偉的組織，至少又崩盤過三次。如果是一般人，碰到任何一次崩盤，可能會變得心灰意冷。但智偉卻是愈挫愈勇，他已經再也不怕任何的挑戰，也對人性有更多認識。對於團隊經常得面臨重新洗牌，他也可以坦然看待，也認知到，每洗牌一次人員素質越來越好，不是壞事。當有人選擇離開智偉，反倒刺激智偉更加的打拼，因為他要用事實證明，你離開我是錯的，他要發展出更好的成績做給大家看。

後來智偉離開這產業，不是因為失敗，而是他人生已經進階到另一個階段。他發現另一塊投資更大，更有挑戰性，卻也收益更大的版圖。

他轉戰到房地產事業，並且短短幾年內，讓自己成為年收超過千萬的專業投資理財達人。

◈ **一個新的財富拓展境界**

每個成功者的誕生，背後總有一定的付出。投入的領域不盡相同，行行出狀元，不論賣菜開工廠做美容或研發科技，有本事的都可以將事業做出成績。

然而人生到了一個階段，終將發現，必須要多元理財，透過自己專業賺錢是一回事，**透過適當的財務分配安排以錢滾錢，又是另一回事。二者要兼顧，才能開創美好人生。**

智偉原本在推廣賀寶芙產品時，隨著財富累積就已經開始購買房產了，最早時候無關投資，純粹是因為已經成家，需要有自己的窩。

卻無意間發現，原本只是想買自己的房子，但房子本身卻有龐大的增值空間。甚至當想要換屋，處理第一間房子後的錢再買新屋，不但資金綽綽有餘，且後來計算，甚至房子轉手間的價差，獲利還可能大過

自己辛苦經營事業的年報酬。

　　初始悟到投資賺錢竟然如此快速，智偉感到訝異，但他也沒有因此被財富蒙蔽心智，他知道做人做事踏實還是重要，因此直到今天，就算光靠投資理財就有龐大收益，智偉依然在自己本業工作上兢兢業業從事。事實上，當我們說他年收入超過千萬，指的是不包含投資理財，而是純粹他在事業上衝刺的收入。

　　智偉後來在房地產銷售產業做出成績，也在2022年自己創立了兩家公司，在桃園青埔跟台北市都有辦公室，他看準雙北房地產發展趨勢，將主力投注在危老都更，加入了打造城市新風貌的行列。

　　透過房地產來佈局投資做好風險管理配置，不論是手中已有房地產的朋友可以做資產活化運用，或者尚未購屋的朋友如何結合正確貸款成為有殼族，這些都是阮智偉的企業，可以提供協助，讓一般民眾可以大幅改善自身生活的。

　　在2022年底事業新的起點，他所成立的「富時代地產開發股份有限公司」相中危老市場，並以三重為開發起點，他回顧這一路走來影響他很大的三大產

業：金融業讓他了解資金運用的智慧；健康產業讓他開始創業，而最終投入的房地產業，則讓他的人生安定富足，讓他可以四十多歲年紀就過著退休般愜意的生活。

有人問：如果人生沒有過往的一切遭遇，直接讓他跳到最後房地產這一塊會不會更好？智偉的回答是否定的，他認為人生在世，總要讓自己嘗試各種挑戰，畢竟人生不是單以金錢多寡來衡量，就好比一個人中了樂透坐擁億萬財富，卻心靈空虛，無法獲得尊敬，那樣人生依然沒有意義。

智偉鼓勵年輕人，有機會多多去挑戰，建構自己的業務開發、行銷拓展、售後服務、通路建立，以及團隊組建等經驗。

那個過程可能很辛苦，但絕對值得。任何人絕對不要想跳過辛苦的流程，就想擁抱財富。就算可以不需努力坐享其成，人生也是不會快樂的。

趁著年輕，勇敢多多嘗試吧！
這是智偉給所有有志築夢者的真誠建議。

思維探討：如果身為一個校長，卻碰到體制內瓶頸，並且已經年過中年，那這一生還可以有辦法圓夢嗎？

築夢銘言：或許世界給我們一個框架，但不代表我們不能超越這個框架。當我們踏實準備好自己的行囊，就勇敢出發迎向新的挑戰。

做個真正快樂的
人生校長

姚璠

他有個讓人尊敬的職銜，是被鄰里親友視為重要人物的在地意見領袖。平日管理超過兩千人，夫妻倆都投身教育界幾十年，才五十出頭還壯年年紀，就能

以績優的成績退休領終身俸，還能不時出國旅行，做自己想做的事。

　　他是姚璠，一位考評優良的校長，以他的人生成就及生活品質，絕對可被列為人生勝利組，並且是家庭事業皆能平衡，雖不是那種大富大貴的企業楷模，卻是地位尊崇能夠讓鄉里家族引以為傲的年輕人學習典範。

　　然而其實每個角色有每個角色不為人知的苦楚，以及站在不同立場的難題。對姚璠來說，他所追求的生涯不僅僅是這樣，甚至這樣的人生上半場對他來說，也覺得只是還算可以，至少他盡心盡力，付出也受到肯定。但他真正還要拓展的是新的下半場。

　　一個前半生全心投入教育界，完全沒有經商或其他產業經驗的商場素人，能否在年過中年以後，創造一個全新的生命燦爛？

　　我們來看看姚璠校長的全新轉變。

◈ 為何想要成為一個校長？

要成為一個公立學校的校長容易嗎？

當然非常不容易，事實上，無論你是要創業開公司並且獲利、在某個城市爭取競技比賽獎牌、或者跨海追求一個異國美女，以上每件事都有相當難度，但還是遠比當校長這件事容易。

因為取得能夠擔任公立校長（而非私校校長）這樣資格，靠的不是金錢人脈，也不是有能力有實力就可以，必須得經過長時間的績效考核，擁有教育專業、十年如一日的熱誠，以及在人格德誼還有形象各方面都得到肯定，並且是要讓包含教師、學生、家長還有教育界長官四方都認可，才有機會擔任校長。

以姚璠當年各項資歷都符合被報任參與校長職位為例，那回有超過一百五十個優秀教育界人士參加考試，最終包含他在內，只有八個人被錄取成為校長。

然而真的就任校長後生活真的快樂嗎？

如今已經從校長職位退休三年的姚璠，回顧過往超過三十年的教育界歷程，特別是最後那七年半擔任

校長的心境，他要誠實的說，那段歷程其實相當辛苦煎熬，更且他最大的痛苦是，其實在那樣的崗位上他依然有志難伸，無法全力的築夢。

說起來，當初會報考老師，將「作育英才」做為一生志向，姚璠心中當然是具備一個宏圖願景的，他很早就有個教育藍圖，從年輕到壯年，在教育界碰到的各種狀況，他心中也都有各種因應方案。

但他卻不得不接受的一個現實：那就是教育界其實也是一種官場寫照，職級不夠，很多事就是無法做。

當他還是老師時，看到很多教育問題是屬於非講堂上可以解決的，必須參與校務，於是他開始接任行政工作；但一般行政窗口根本沒甚麼做事權限，所以他要力爭上游升為組長、升任主任。結果發現大部分重要政策，一般行政主管還是無權置喙，要能參與制定重大決策，必須要做到像校長那樣的職位。

也就是因為想要有一番作為，因此姚璠才一路歷練，年年在每個職位上獲得佳績好評，才四十多歲年紀就已經擔任校長，並且管理的是師生加起來總人數

超過兩千人的大校。

終於成為校長了，此時姚璠也終於可以圓夢了吧？

但人生沒那麼簡單，他發現擔任校長可以影響的還是很有限，生活中各種以前沒想過的羈絆遠比理想落實的機會多。

難道要實現教育理念與夢想，必須要當到教育部長才有辦法嗎？

在別人眼中已經很成功的姚璠校長，其實在他當校長時卻覺得人生碰到了瓶頸。

◈ 回首一路走來教育路

在五十歲以前從來沒有教育以外經驗的姚璠，過往人生歷程其實算是個老實乖乖牌。也就是做人腳踏實地、循規蹈矩，遵守儒家道德規範，總之就是讓自己的形象是個堂堂正正、有守有為的正人君子。

特別是後來擔任校長，一言一行動見觀瞻，他更得凡事小心翼翼。那樣的壓力，後來讓他精神非常苦楚，甚至被醫生診斷有憂鬱症現象。

為什麼想要好好的為人服務，真正在教學上做點事，壓力得那麼大呢？

　　這跟姚璠從學生時代起，就處在一個中規中矩的體制內培訓有關。他在中學時期就已經立定志向將來要當老師，認真苦讀，也依照自己志願進入師院，當他退伍後開始擔任教職，那時也才二十歲出頭。

　　那年代對一個年輕人來說，考場競爭其實遠比商場競爭要激烈，因為在姚璠學生時代，整個社會正是工商起飛時候，遍地是就業機會。反倒那年代升學率非常低，不像現在是人人可讀大學，學校招生還常招不滿，那年代連中學都要擠破頭才考得上。

　　不過姚璠也要說，每個時代有每個時代的難題，在他二十幾歲時，取得師資考試合格不容易，但只要師院畢業依規定實習就能取得教師資格，取得終身工作保障。不像現代教育界僧多粥少，以姚璠從事教育服務的桃園市來說，每年教師缺額大約一百多人，可是年年要來爭取這樣師資名額的人數卻好幾千人。只能說，不同時代有不同的難關要過。

　　無論如何，姚璠就是在國家教育體制內循規蹈

矩、為人師表，他最早被分發到宜蘭教書，兩年後才轉任回家鄉桃園的學校任職，從此他在桃園教育界服務到五十一歲退休。

不論擔任校長或教師當然都是有壓力的，但也必須說，不同時代的壓力不同。在姚璠二十多歲剛擔任老師時，社會上對老師這職業是非常尊崇的，不像現代的家長有事不高興就去學校抗議，甚至對學校興訟。那年代管教孩子，也不像現在動輒得咎，孩子打不得也罵不得。如今回想起來，姚璠還笑說，他當年帶孩子的方式現在肯定不能做，那時是採包班制，基本上一整個班級都是由導師來負責，姚璠會帶孩子去海邊玩水、去深山瀑布遠足，不曾擔心甚麼安全問題，從來都沒有出過狀況也從沒家長反對，這在現在當然不行了，有重重規定，一個做不好被手機拍照渲染，還會被登上媒體版面呢！

然而當時姚璠煩惱的不是一些枝微細節的規範，那是到他後來擔任校長時代，新世代保護孩子太過的家長成為主流，才讓他教學上更難以施展。在那之前

他主要煩惱的還是怎樣教育孩子，讓孩子將來可以真正快樂地生活。

在那個還未有如今各種實驗教育等思維的年代前，姚璠就已經認知到教育不該是只教養出將來可以找到工作的青年，他認為教育應該要能奠定一生的觀念基礎，最重要的是長大後要成為一個「幸福快樂」的人。

他的理想高遠，但身為教師乃至於後來擔任校務幹部，甚至成為校長，他依然覺得有志難伸。結果反倒他自己成為一個不快樂的人。

◈ 處處都卡住的人生

當才四十多歲壯年，身體就頻亮紅燈，姚璠去醫院檢查，聽到醫師告訴他，竟然檢查出已經有高血壓，必須終年服藥，當時姚璠竟然情緒失控，還對醫師吼出「我有高血壓？那為何不是你有高血壓？」

其實當時姚璠自己和醫師都知道，這已經不只是生理上出問題，他精神上也已因長年壓力緊繃，處在情緒不穩狀況，乃至於當天一時衝動說出這樣的話。

醫師當場很有智慧的自我解嘲：「我沒高血壓，但有糖尿病啊！」姚璠也為自己的衝動失言道歉。

當時姚璠身體狀況是怎樣呢？那時他已經因為個性上的謹慎認真，讓自己壓力很大，之後擔任校長，更是每天戰戰兢兢過日子，身體狀況更糟，還沒退休那時就已又有甲狀腺問題。

長年以來姚璠覺得在教育體制內做甚麼事都被「卡」住，基本上國家的教育制度已經把教職人員綁死，要執行「上面」規定的事，如果有甚麼創意想法，不是不能做，但一方面只能在設定的框架內發揮，二方面做任何事都有一堆報告要寫，並且若得不到認同，還可能考核出現問題，影響生涯發展。

姚璠看到的教育界現象：有功無賞，有過嚴懲。處在這樣標準公務員體系裡，人人變得非常保守，教育重點不是作育英才，而是「不要出事」，畢竟一個教師若中年失業，很難轉行。

明明當初是想要為孩子築夢，結果發現自己處在一個人人明哲保身的環境，看不到教師們有甚麼熱誠，檢討自己，也發現自己只是循規蹈矩，卻沒甚麼

突破性大建樹。也因此姚璠經常自我譴責，就算當到校長這樣的位階，依然有志難伸，他不免心灰意冷。很多病症，就是這樣被逼出來的。

更糟的是，長期投身教育，雖然感覺上好像學富五車，其實卻某個方面也與社會脫節，乃至於姚璠自己在觀念上也有許多僵化思維。包括對自己健康也是，這也就是當被檢查出他有種種慢性病，他一時間無法接受的原因。

姚璠長期以來一直有個「認知」，那可能源自於長年擔任教師自己也常對小朋友宣導的：食物要均衡營養、多曬太陽多運動、當個健康好寶寶。總之一個人只要常運動，也沒有不良惡習，就代表健康，就算身體會老化會生病，只要長期靠運動習慣也會扭轉，這就是他的認知。

因此姚璠即便因為身為校長，常有應酬，喝酒難免，但他盡量飲食及喝酒節制，且長期跑步，甚至還參加鐵人三項運動，以為這樣可以「補償」歲月漸長以及平日工作身心壓力帶來的損傷。

結果當去醫院檢查發現自己有慢性病，他才會反

應如此之大。

每個人的人生總是會處在理想與現實的落差，當職場上想構築的教育種種願景無法落實，現在連身體好像也背叛他，長年刻意運動卻依然壯年就身體不佳，這讓當時的姚璠非常不能接受。

表面上他還是個體面有著好形象的校長，但沒人看出他內心有著痛苦無力感。

◇ 一個令人身心疲憊的教育歷程

當校長其實是很不自由的，特別是對姚璠來說，他從小個性就比較謹慎認真，實際上是太過認真了，他不僅認真並且還非常不服輸，做事就是要求自己做到比標準規定還要嚴格。

校長地位看似尊崇，但並不算高收入行業，而比起一般大眾，校長會被以「超高」規格檢視，就是說一般人做起來很平常的事，若是校長來做，就可能會被說閒話。就以早上若想去菜市場買菜（姚璠本身熱愛廚藝），若身為校長卻穿著拖鞋汗衫，會被視為不

合身分規矩。

　　當校長那七年半，某個角度來說像在做「生活監」，守法是基本的（校長絕不能闖紅燈，就算是穿越明明沒有車子的小巷口也一樣），日常生活一舉一動都很不輕鬆。姚瑤已經被要求（雖然主要是「自己」要求），只要出門就要西裝筆挺，講話聲音平穩，對人有禮，碰到鄰里都要打招呼。甚至出門比平常晚些，就有擺攤阿桑「關心」他怎麼了？

　　而長年的紀律，其實並沒有人規定校長要幾點到校，畢竟校長是每個學校最高權威，但姚瑤要求自己，每天六點起床，六點半出門，七點多就到學校。他本想要早點到校讓自己做好一日工作的準備，也看著老師們一個個慢慢到校跟他們問候，但當他看到原本輪值導護老師的人，他們被規定是要七點半以前進校門，他經常看到有老師一進校門用急跑步的方式衝去辦公室，姚瑤初始覺得都已經到校了沒必要那麼緊張吧？但後來他突然醒悟，老師們會那麼緊張，罪魁禍首就是自己啊！老師就是因為看到校長那麼早就已經來了，所以才會這樣匆忙跑進辦公室。

那時姚璠就知道自己不但把自己搞得身心都有壓力，還帶給別人龐大壓力。

可是怎麼辦呢？姚璠連自己的身體都無法照顧好，也無法去一一擔心其他老師是否壓力太大。每個人看到的姚璠校長都很有紀律，但不知道他經常苦於失眠，他的症狀已經是必須醫師開藥。但儘管醫師好言勸說他要懂得放鬆，姚璠還是無法改變。他內心感覺有著重重的負擔，因為社會給校長這個職務一個框架，而姚璠又加重給自己揹上沉重十字架。直到儘管後來退休了，他都還是無法改變許多的生活習慣。例如出門還是一樣必須西裝筆挺，在自家附近不方便跟妻子手牽手，臉上也永遠不能出現不愉快的表情，好像校長只能笑臉不能展現任何憂愁。包括已經許多年他都不去家附近買吃食，因為好像不符校長形象，他主要是叫外送然後去警衛室拿。

這是每天都會面對的形象壓力，更大的壓力來自日常學校生活。曾經姚璠以為擔任校長後他可以在教學事務上大展長才，但他的希望落空了。結果他在學

校 80% 以上時間都在處理跟教育孩子沒那麼直接的事物，簡言之就是一堆公務公文流程，還有應付許多來自家長或「有力人士」製造的紛爭。

學校有將近兩千個學生，每天這個那個狀況難免，例如曾經有家長騎機車載孩子來上課，過程中不明原因腿被割傷了。某個家長會重要幹部透過某些管道知悉，惟恐天下不亂的，在校園發布「學校附近出現色狼」的新聞，搞得人心惶惶。姚璠好心去跟那家長勸說，還惹來怒罵不快。結果這消息讓學生上下課很害怕，也無心上課。實際狀況，後來透過調閱監視器其實是當時家長騎機車，有個老伯的機車上綁了太多雜物突出來，家長機車經過讓後座學生被劃傷。但那位家長會幹部的危言聳聽已經帶來更大的人心傷害。

類似這樣的狀況，還有連在校園修剪樹木也被質疑圖利廠商，或不夠專業等等。總之這些跟教學沒直接相關的事情，耗掉姚璠很多精力，到後來他感到身心疲憊，最後會申請退休，也是因為實在對教育業感到失望。

◈ 人生下半場開發出新路

當姚璠以超過三十年的教育資歷，也留下許多的獎章紀錄，光榮地在五十一歲退休也正式退出教職。

這樣的他已經正式放棄教育夢了嗎？這樣的他從此就準備靠著退休俸不問世事只顧遊山玩水了嗎？

確實就在姚璠退休那年，他開始遊山玩水，但並不是真的去旅行。而是一方面重新思考人生，一方面也想發掘出有助人生下半場的新商機。

就在校長職位退休不久，姚璠就取得導遊及領隊證照。

大部分人無法看出姚璠的心境，就好像在他擔任校長時，人們看不出他內心有多大壓力。現在當他開始去四處旅行，人們也無法看出他心中其實已有新的想法。一直以來，姚璠都沒有放棄夢想，如果在體制內做不到，那就透過其他方式吧！首先他想增加閱歷同時也想大幅增加收入，畢竟這世上，許多的夢想都還是必須有錢才能圓夢。

一開始的確只是純散心兼思考，但有回在中國旅

行時，姚璠注意到當地的各種景點門票都很貴，但如果是導遊就有很大的優惠，當時就一個念頭，自己從事教育多年，也對史地有豐富知識，那何不去考導遊證照？即知即行，他也以優異成績考取國際導遊資格。

然而接著碰到下一個難題，取得導遊證照了，但年過五十才入行的新進導遊，不容易找到工作，姚璠原本興沖沖的寄出超過二十份履歷去到全國各大旅行社，沒想到到後來全部都碰壁。過往以來在教育界一路當到校長高位的他，首次在職場上受到如此大的打擊。但山不轉路轉，姚璠告訴自己不要氣餒，再之後他更了解到這行業後，改變作法，以往是希望透過旅行社這個大港讓自己靠行，並接受旅行社委託帶團，現在反過來，姚璠自己去招募旅遊團隊，然後看哪個旅行社願意讓自己靠行，這其實也算姚璠第一次投入商場「業務」，他也成功地發現，自己有能力可以投入商業招募工作的，他也找到願意長期合作的旅行社，可以常態主跑韓國旅遊線。這回的經驗對他後來轉投入傳直銷領域有很大的幫助。

旅行的另一個收穫，是增廣見聞。就是在一次山東參訪旅行，他有機會認識到一些貴族夫妻，了解到有這樣的族群他們為了抗老，還會專程飛去歐洲打胎盤素。那時姚璠覺得自己長知識了，有了初步的幹細胞醫學認識。

　　但人生就是這樣，剛得到啟示，不久後就有新的驗證，後來姚璠知道自己大女兒從事的是健康事業，而有天父女兩聊天，一聊到產品，姚璠才驚訝地發現，女兒做的也是幹細胞相關產品，而且當時在山東聽聞貴婦在歐洲打針，每次是以百萬元計，但現在女兒所投入的幹細胞相關產品，既能達到抗老化以及身體健康相關正向影響，但價格卻與前者差天差地，也不須大老遠搭機去歐洲，直接在台灣就可以口服專利產品，並且還有專業團隊服務。

　　就這樣，本來是因為想支持女兒事業也覺得健康是重要的，姚璠也加入女兒的公司，成為傳直銷組織的一員。接著他年輕時候不服輸的精神，再次發揮效果，前半生從來沒有從事過業務工作的姚璠，卻發現自己其實很有業務銷售的天分，特別是憑著他多年擔

任校長累積的正面形象，以及他做人做事誠信踏實的口碑，當姚璠談起健康食品時，格外有說服力。

才投入這樣事業第一年，即便外在環境是全球疫情，他也依然做出優秀的成績，在組織裡建立相當有份量的團隊，攀升到亮眼的位階。

曾經他擔心自己未來只能靠校長退休俸過日子，但現在他發現他不僅可以賺到比教職高許多的收入，並且還能是源源不絕的被動收入。

人生下半場真的開發出一條新路。

◇ 在健康事業找到新夢想

但他的教育夢呢？姚璠的故事可以帶給我們甚麼啟示？

其實姚璠的經歷告訴我們，他對自己有高標準，即便是在一個體制內已經升上高位，他依然嚴格要求自己。也是這樣的動力，讓他在退伍後可以很快找出新的職涯方向。

當然，他因為壓力太大帶來身體的狀況，這點他

如今在四處旅遊後，也已懂得放鬆，讓自己既能拓展事業又可以平常心對事對物，而如今透過他所經營的健康事業產品，他親身使用一年，現在甲狀腺的病症已經消除，高血壓症狀也已經大幅減輕。

除此之外，支持著姚瑠持續前進，也是本章最後要分享給讀者的。是姚瑠心中一直沒有放棄夢想。

其實以他和妻子多年從事教育的退休俸，姚瑠其實只要不過度奢侈，退休生活還是可以很悠游自在不需打拼的。但支撐著他還是要力爭上游的，是他這些年懷抱在心追求的夢想：除了要帶給老母親更幸福的晚年，以及家人共享天倫的美好生活，他也要在台灣成立自己的學校。一個讓姚瑠敬佩的學習對象是港星古天樂，多年來古先生透過成立慈善基金，先後已在中國各地偏鄉蓋了 97 座小學。姚瑠也想成為這樣的人，並且他會在他新的學校裡，投入他的教育理念。

如今姚瑠離他的夢想成真越來越近了，夫妻倆一起加入健康事業後，雙雙做出優異的成績，因為長年投身教育養成的人格感召力，做人真誠的姚氏夫妻，

許下心願要幫助一萬個朋友，既能找到健康又能改善生活。他們的誠意也感動了很多人，因此所帶領的組織快速成長。

所謂夫妻齊心，其利斷金。姚璠很感恩他人生來到退休階段，還能開創下一個新巔峰。做到家庭圓滿、事業圓滿，心情也愉悅的境界。包括夫妻倆也積極投入愛心行善，接任獅子會會長幫助更多人。

人生，有夢最美。年過五十轉戰商場的姚璠，不怕各種挑戰，也不怕讓自己扛上各種責任使命。在持續使用產品且運動保持健康的習慣下，他給自己許一個願望，要在滿六十歲前，達到一定的年收目標，可以早日讓夢想真的實現。

目前看來，腳踏實地，即知即行的他，似乎可以提前達成他的目標。

且讓我們拭目以待，在人生這所大學，姚璠再次寫下亮麗的新頁。

Part 4

專業濟世篇

思維探討：是什麼信念讓一個人不論遇到任何挫折，都願意全然投入一個事業屹立不搖？

築夢銘言：我相信我在做的是對的事，老天爺一定會支持我。

我就是堅持要成為
徵信業的一股清流

柳欽貿

你有家庭危機夫妻互動愈來愈卡懷疑丈夫出軌嗎？

有人欠債經年最後還神隱讓你恨得牙癢癢的嗎？

還是你有任何疑難雜症，想要請求專家幫忙協助，但又不方便驚動警調單位的狀況？

這是一個隨處可見廣告張貼，牽涉的事似乎與你我息息相關，但又有太多不可說祕密的行業。這個行業叫做徵信業。

　　任何行業都有其黑幕，但任何行業也都可以有著勵志的故事。

　　端看心之所向，是真心為了助人還是只想跟客戶敲竹槓？

　　本篇難能可貴的邀請到徵信產業的創業者現身說法，分享加入這個產業的歷程，也提醒讀者們要認清徵信業的良莠不齊，做好判斷，找到誠信專業的業者來處理生活中面臨的困擾，才能真正幫助您渡過難關。

　　以下就是家協偵探社社長 - 柳欽貿的經驗分享。

◈ 讓徵信產業攤在陽光下

除了小說裡的虛構世界，現實生活中我們很少真正看到私家偵探在公開場合現身，畢竟這是個絕對需要「隱身幕後」的職業，如果變成像明星一樣，走到哪都被人認出來的話，那根本就無法執行任務。

柳社長是這個行業第一個，也是唯一一個願意走到幕前亮相的徵信專家，他不但出書讓讀者們一窺徵信產業的箇中奧秘，並且也開班授課，把過往被認為神祕莫測的種種偵探秘辛和徵信技巧，不藏私地教導學生。

背後就是基於一個強大的信念—柳社長表示：他再也不要看到一個又一個，有著悲慘遭遇的男男女女，都已經很不幸的碰到難關了，還要遭到不肖業者的詐騙剝削。

的確，一個人若生活平順日子過得好好的，怎會需要找徵信社？每個人最終選擇撥打這通電話，還得將自己的隱私甚至是不堪過往述說給陌生人聽，都是因為有著不得已的苦衷。

而當初觸動柳社長，一心想讓徵信業秘辛攤在陽光下的原因，主要是 2021 年時一篇小模被騙財騙色的新聞。其實長久以來，每年都有無數的人被不肖徵信業者詐欺錢財，這早就是業界公開的秘密，身為一個正當經營的良心業者，柳社長經常憤憤不平，為何總有黑心同業搞壞這行的名聲？而小模的新聞，更讓柳社長下定決心，要挺身而出，避免未來更多人無辜受害。

　　這則新聞的女模，之所以會受害，起因是家中發生需要急難救助的狀況，不得不接受某個自稱香港富商所提出的高價碼一夜情，但實際上就如同大家所猜到的，所謂香港富商根本是詐騙集團，富商與女模一夜情後，以跨國轉帳資金匯入沒那麼快為理由，又利用跨國匯款時間差，表示不小心多匯款，請女模先匯回差額的話術，最後得逞其騙財騙色的惡行。女模在人財兩失後，又礙於顏面不想報警，只好求助某家徵信社，卻不料這是另一個悲慘人生的開始，因為她遇到不良徵信社，付款後沒得到任何有效受害證據，最終這女模被騙得好慘，不但無法幫助家人，身上積蓄

也被騙光，決定報警提告。

這則新聞，正是啟發柳社長決定正式開課揭露徵信業秘辛的關鍵，雖然這女模遭遇很慘，最後卻仍勇敢地不畏自己故事曝光，而採取報警行動。柳社長敬佩這女模遭受打擊後依然沒有自暴自棄，也激勵起他開課助人的志業。

柳社長的課程，主要教導社會大眾如何分辨正規的徵信社，了解什麼收費以及作業流程才是合理，他也傳授學生基本的偵探技能，這看似警匪片中才能看見的技能，不藏私的在課程中分享給學生，讓大家在生活中也能實用。透過課程，可以提升自己觀察力以及基本蒐證力，並且當遇到特殊狀況時，可以事先警醒，安全避開禍害，提升自我保護的能力。

柳社長發現，開課至今，有九成以上的學生，不是基於現實生活的需求來上課，而是純粹好奇或基於學習樂趣而來。畢竟，這是個很特別的行業，在台灣除了軍警單位內部培訓，也並沒有這方面對外的講座。因此柳社長的課程很受歡迎，開課至今場場報名額滿。

這也讓他回想起當年加入這個產業，也是起因於一種好奇。

◆ 初次接觸徵信產業

柳社長是在民國 97 年開始接觸這個產業，那年是他職涯轉型過度期，過往以來，他跟隨著父母的腳步從事商品批發銷售，也經營過許多生意，也曾將事業拓展到海外。後來因為時代變遷帶來的商場興衰，加上投資失利，讓他選擇停下日日匆忙的節奏，暫時拋開那些錯縱複雜的生意經，想當個簡單的上班族就好。

他萬萬沒想到，後來進入的是一個更加錯縱複雜的產業。

當時翻開報紙找工作，第一時間映入眼簾的就是徵信社的徵才廣告。提起徵信，柳社長腦海中就浮現了福爾摩斯的電影情節，他覺得偵探是非常厲害的行業，透過特殊技能，竟然可以神不知鬼不覺地追蹤別人，甚至查到對方住在哪裡，任何想要的資料都能得到手，這麼厲害的工作，到底是怎麼做到的？柳社長

看報紙的當下產生極大興趣，於是就開啟了他的徵信之路。

從應徵調查員的歷程開始，柳社長就已經開始見識徵信業的百態。他去應徵了幾家徵信公司，也看到各種不同公司的風格。面試過程中，有面試官全身刺青還邊嚼檳榔，有的一進去就感覺像走進香港黑道片的場景，公司內拜著關二爺，昏暗空間中坐著各個看來不好惹的人。而柳社長當時選擇去上班的徵信公司，則是相對的辦公空間看起來比較「正常」，雖然放眼看去辦公室除了整齊的桌椅，看不到半個員工，但至少有個談吐得宜的總經理出來跟他面試，也在面試時講清楚薪資計算規則，總經理表示：調查員是以時薪計，沒有底薪，有做才有錢，油錢則是另外補貼。這條件柳社長覺得可以接受，所以當場錄用，隔天他就正式來這家公司上班。

一開始身為新人甚麼都不懂，當時也還沒有看到徵信產業的黑暗面。第一天上班，剛到公司總經理就要出門了，出門前交待他守在辦公室裡，甚至交待說：「如果我沒回來，你就自己下班吧！」

第一天在公司枯坐一整天，第二天他學乖了，去租了一堆小說漫畫殺時間，第三天依舊如此，第四天還是如此。別以為不用做事很輕鬆，但沒做事也等同沒收入啊！

　　直到第五天，總經理終於交待他去另一間公司報到，可能是看他待了四天都沒離職，覺得這「人才」可用吧！也因為被派到另一間公司，他才開始有機會學徵信辦案的技巧。

　　這次另一間公司就非常不一樣了，有很多職員忙進忙出的很熱鬧，在此柳社長也了解到，原來徵信社主要分成兩大部門：業務部（負責開發生意，讓人想要委託徵信辦案，同時開發者也要負責主導整個專案），以及調查部（跟蹤的第一線人員），柳社長初始是在調查部門服務。

　　調查主任一開始給他的測試功課，就是要他手上拿著攝影機，並隨機跟拍一輛機車，直到機車回家為止，再回來跟主任報告。這就是柳社長的跟蹤初體驗，並且還是臨時被吩咐當下就出門實操，他緊張得半死，甚至拿起攝影機時，手還在發抖，總覺得周遭

的人都在看他。結果他摩托車停在人行道旁等了十幾二十分，還是無法決定要跟拍誰。最後他自己做了個決定，從下決心那刻開始起算，經過的第八輛機車就是他要跟蹤的機車。

就這樣他算到第七輛車時開始發動引擎，第八輛機車經過他就開始跟蹤，那是一對情侶，柳社長就一路跟著他們，繞遍了高雄區好幾條街，每次對方停下來，他就開始拿著攝影機遠遠的拍，後來去到一個商場因為找不到停車位，不小心跟丟了，一時不知如何是好，後來想想反正「跑得了和尚跑不了廟」，就守在對方機車附近等候。當時他也沒多想，假如這對情侶有可能不是去逛街，而是家就住在這裡，那他就算枯等一整夜也等不到人。還好這對情侶真的只是去逛完街後又回來騎車，柳社長才能繼續跟蹤直到他們的住家，確定下車走進某棟公寓，才完成任務回公司交差。

調查主任看了他的影片，點點頭表示還可以，於是柳社長的初次跟拍考驗過關。等他走出調查主任辦公室，幾位老鳥同仁問了他的跟拍狀況，才笑著跟他

說，其實你這樣太累了，最佳方式應該是跟拍父母載小朋友下課，因為行程肯定不是去補習班或安親班就是回住家，這樣就可以簡單快速達成任務嘍。

果然每個行業都有其「竅門」啊！

然而當柳社長學到更多的「竅門」後，他才發現原來這行有那麼多黑幕。

◇ **誠信是從小深植內心的價值觀**

如果工作內容是跟欺矇拐騙有關，甚至是有違良心道德，那柳社長是完全不能接受的。

這跟他自己過往的經歷有關。柳家一直以來是台灣南部知名的經銷商，過往曾從事影視租售，台南市第一家錄影帶出租店就是柳家開的，在 KTV 初興盛時期，柳家也是主力伴唱帶提供者，後期也經營過百貨擔任中盤商，小北百貨的某些品項都是向他家進貨。

而不論從事哪門生意，父母從小帶給柳社長的教育就是：做人一定要誠信，這樣事業才能長久。

柳社長也知道，誠信不保證可以賺錢，具體例子就是自己的家族，在經營百貨批發時，就在跟賣場簽

訂合約後，卻發生國際原物料大漲的情事，可是基於誠信，父母還是照原價出貨，賣一件賠一件，由於好幾年國際物價都沒再跌回，也導致幾年下來家裡幾乎賠光過往所累積的財富。

那為何還需要誠信？因為那是做人的基本原則。從小柳社長就有個信念：錢只是一種買賣的工具，但絕非人生的目的。

從小學開始，同學放學都去玩，只有柳社長還須回家裡整理錄影帶、包膜、貼標籤等等。長期以來也建立了他勞動的價值，**從小不怕吃苦，也從不覺得賺錢是難事。柳社長表示：重點是，你做的事情，有沒有帶給社會正面的影響？**

爸爸從小告訴他的商場守則就是：做人啊，說一就是一，不要因為貪心而見風轉舵。所以**他從不會為了賺錢就不擇手段，他在人生歷程中看到有太多的人，為了貪點小利甚至連人格都可以出賣。**

這樣的價值觀已經深深融入柳社長的職涯 DNA 裡。因此，當他後來逐漸發現徵信社的背後，有許多

的不堪內幕，甚至有人選擇靠詐騙來賺錢，但柳社長絕不願同流合汙。

柳社長雖然對真相失望，但沒有因此而選擇退出徵信行業，一方面他發現自己真的喜歡這個行業，特別是當委託人被欠債或被感情欺騙，透過自己的專業可以幫委託者伸張正義，就算不一定能取回全部損失，好歹也能幫受害人出一口氣。另一方面，自己都已經發現這行業的黑幕，如果選擇視而不見的離開，那不等同是另一種形式的「幫兇」？

與其受到這行業內幕的打擊，選擇失望放棄，不如由我做起，來打造一個正確的典範，畢竟徵信這行並沒有錯，錯的是那些用旁門左道居心不良的人。

而到底當年柳社長看到的是甚麼黑幕呢？

這是從他入行第二個月開始發生的事……

◇ 看到徵信行業的黑幕

那時，柳社長初次實操跟拍過關後，也開始接受各種跟蹤及器材使用的訓練，再來是實地跟著老鳥們

出任務，了解如何盯梢、如何跟踪及如何寫蒐證報告等等。

到此時都沒問題。過程中雖也有些比較驚險很像電影的情節，例如某一回跟蹤一件大案件，當時出動了一台汽車兩輛機車，連調查主任都親自出馬。結果在跟蹤被查男（徵信業術語，就是委託方要追查的男性對象，通常是外遇案件），過程中騎機車的柳社長，有察覺到可疑的機車跟在後面，他雖是新手卻認真發現那機車跟蹤他們很久了，反倒調查主任沒注意到。當柳社長跟調查主任反應這件事，他才警覺到，並表情凝重的吩咐柳社長跟另一台機車趕快分頭撤哨（暗示跑快點，否則會有危險），最後柳社長成功甩脫追敵。

這件事雖有點驚險，但沒嚇跑柳社長。真正讓他訝異的事，是發生在他成為正式業務經理後。

經過一周的調查員訓練後，柳社長又被派回原本辦公室找總經理報到，這次他主動表示想要擔任業務工作，因為出身生意人世家的柳社長知道，靠時薪工作，就算沒日沒夜的跟監，一個月收入也是有限，但

業務工作收入就可以無上限。

在經過總經理再次面談後，總經理說：業務經理也是沒有底薪，只是收取的委託費用扣掉開銷後，業務經理跟公司一人一半。這條件當時柳社長覺得非常好，也正式成為接案經理，並且很快就接到了委託。那是一個債務協尋專案。

第一個案子進行得很順利，首先要先找到債務人，接著才是協商繳款。柳社長只是接案人，委託徵信部門去找人，也很有效率地找到人，最後幫委託人取回一部分的債款，雖非全額，至少扣除徵信費後對方收到的錢還是正數，案件圓滿落幕。

但第二個案子他就發現不對勁了。那是個外遇蒐證案，依照行情，簽了七天共三萬的合約。第一天柳社長真的請公司派人去盯梢，該拍的照片該做的紀錄都做了。沒想到第二天總經理給柳社長指示，要他跟委託人說因為被查男很不好跟，建議加裝追蹤器，費用要六萬。

突然增加一筆大費用，委託人當然婉拒，再之後呢？總經理竟然要他第二天起不需要跟蹤了。柳社長

疑問？那後續報告怎麼辦？總經理說，要他「參考」第一天的報告，以委託人住家為圓心畫個圓，自己「掰」行程。身為新人，柳社長也不敢違抗主管命令，後面六天也都沒有派人跟蹤，中間每次委託人來查進度，問說我老公現在在哪？就得在電話中胡扯瞎掰。

真正最讓柳社長驚訝的是，到了第七天委託人要看結案報告了，實際上並沒有真正做跟蹤，怎麼跟委託人回覆？沒想到總經理的做法是製作了一張合成照片，還是張品質很差的合成照，仔細看就會看出背景、光線、位置等都不搭，看來很假。照片中故意呈現委託人跟另一個女子在一起，看似搞曖昧。總經理要柳社長跟委託人說，這案子是有鬼的，委託人必須追查下去，請委託人加錢。

這真的太誇張了，不只是欺騙客戶，根本就破壞家庭，人家本來沒有的事，卻硬是製造一個小三出來，這樣太不道德了。

當時柳社長覺得無法接受這樣的行為，但卻看到總經理以及公司其他人都是一副理所當然的表情，才

恍然大悟，原來在這行，早就積非成是，很多從業人員根本就是靠欺騙來增加收入。

這是柳社長第一次看到徵信業的黑幕，但他後來才知道，比較起來這還算是小案子，各種照片做假、收錢不辦事、虛報開銷，都是業界常態。還有更黑心的，甚至有的人因為找徵信社被騙到傾家蕩產。

這行業不能待了，柳社長當下就想離開，但不幸的是他無法離開。

因為這行業有個可怕的制度。

◈ 堅持做對的事

原本柳社長想做到滿月結算離職，沒想到，他不但一毛錢都領不到，並且還倒欠公司錢，必須簽本票擇日歸還。

原來當初總經理談的薪水計算，收入部分沒講錯，但當時沒談到的是整體報酬算法。在徵信業，業務有另一個身分，就是共同分擔公司營運的成員，所以每個月領的報酬，必須要扣掉基本成本。好比柳

社長承接了一個案子，他可以領取這筆案子收入的50%，聽來很不錯。但他也須分擔公司每月的開銷，以柳社長當時公司為例，包含水電、租金、廣告等等，一個業務每月業績要超過 15 萬才能打平，柳社長第一個月業績是 3 萬，對應每月 15 萬成本，他還倒欠 12 萬，這部分也是個人與公司均攤，因此他還欠公司六萬。這就是徵信業界最讓人詬病的制度。

就這樣，柳社長不但沒賺到錢，還得簽六萬元本票，不還錢走不掉，他不甘心，繼續耗著，越欠越多。

還好這時候出現了貴人，如果柳社長第一個月就離開，那就遇不到這位貴人，也就不會有後來的發展。原來，徵信這行業還是有正規作法的，不是人人都靠詐騙來生存，那時公司開始擴展，有很多業務加入，其中包括過往有經驗也開過公司的老前輩，柳社長跟著一位老前輩，很務實地去做事，該跟蹤的，該做紀錄的，該提醒委託人注意事項的，都規規矩矩的做，事實證明，採正規作法，一樣可以賺到錢，柳社長表示：當你做出口碑了，客戶信任你，以後自然也

會介紹顧客給你。

　　跟著這位老前輩，柳社長後來業績逐漸有起色，不但學習到所有徵信工作的精髓，也因此賺到錢，很快地在幾個月內，他還清之前所有的債務後提出辭呈。

　　他也因此終於能離開這家公司，真正去做一個正規的偵探。

　　之後柳社長跟著老前輩一起開設徵信相關設備器材行，直到後來政府有新的法規，限制民間不得買賣監聽器材，他才把店面收掉。老前輩當時因轉赴大陸發展事業才與他分道揚鑣。

　　其實以他豐富的經驗，加上家族過往累積的人脈，柳社長經歷過這段職涯轉換期歷練後，是可以回歸去做他從前熟悉的買賣批發業的。

　　但這時柳社長發現，他真的愛上這個產業了，他很喜歡當服務客戶時，幫助對方走出困惑低谷協助他們找到真相的成就感，或許不一定每次都能伸張正義，但至少每回都可以讓委託人對原本困惑的事看到

真相。

柳社長發現，對於這種助人的事業，他很喜歡。並且真心希望，徵信產業可以有更多的清流，重新找回這行業原本的價值。

可是要重新創業並不容易。因為結束徵信器材行後，當時柳社長只是個人工作者，他也只能對親友圈放出消息，接些零星的案子。收入連基本的生計都無力支撐。

為此他必須另覓正職，徵信變成副業。而為了方便徵信工作，柳社長特別去找送貨司機的工作，這樣他接案也比較有彈性。

這樣的日子持續了整整四年，但他一次也沒有放棄希望。總希望徵信事業可以做起來。而老天也算幫忙，雖然案子不多，每隔一段時間也還是有些案子讓他可以不中斷的繼續徵信服務。

就這樣一直到民國 106 年，那年剛好有一個比較大的案子，收入算一算足夠支撐半年開銷，這時候即將到不惑之年的柳社長，告訴自己不能再這樣下去，

他必須做個抉擇，要嘛專心司機工作，要嘛把正職辭掉全心投入徵信事業。

當時他在心裡對著老天說：

市面上那麼多騙人的不良徵信社都生存的好好的，而我柳欽貿是真的要做事的人，如果老天爺不讓我生存下去，這樣太沒天理。

因此他訂下一個目標與期限，以半年為期，如果老天爺真的認為這世界充滿詐騙的徵信公司也沒關係，徵信業不需要他，那半年後他就乖乖去當個上班族。

結果老天爺沒讓他被打敗，但也沒給他很多，就只是剛剛好夠他撐下去，這過程像是在考驗他的意志力，看柳社長是否在快斷糧的情況下，仍然能維持初心，不用詐騙的手法對待委託人。

整個107年都是如此，甚至有兩次幾乎撐不下去，但總在財務亮紅燈時有了及時雨，又有案子出現幫助他繼續走下去。

柳社長就這樣繼續堅持著用誠信對待委託人。

終於老天爺看到了他的誠意，就在民國 108 年，他的徵信事業開始快速成長，而且不是短期現象，而是真的讓他打開知名度，擁有好口碑，客戶一個一個都幫忙轉介紹，後來柳社長正式成立了公司，也建立了自己的徵信團隊。

秉持著誠信，堅持不騙人，以幫客戶達成目標為己任。

這就是家協偵探社的誕生。

如今家協偵探社不但成為徵信產業一家很受肯定的良心企業，柳社長也到處受邀去各種單位演講。他同時也多元拓展，參與社團、協會、公益活動，為社會盡一己之力，也成為獅子會會長、台南市中小企業協會理事、中華國際 NLP 教練研究發展教育協會理事，並且參加許多可以精進自己與幫助他人的身心靈課程，透過學習的成果協助委託人能更快速釐清自我，幫助委託人走出陰霾，每每結束案件聽到委託人的感恩回饋，柳社長都感動在心。

柳社長的例子告訴讀者。

心中有熱情，就會無怨無悔地投入一件事。

心中有使命，你的努力必會被看見，那時就連老天爺也會一起幫助你。

如果人生中遇到任何疑難雜症，無法解決，找律師，律師說沒辦法的，找警察，警察說沒法辦的，都歡迎找柳社長，他會非常樂意分享自己的經驗，協助您渡過難關！

FB 粉絲團：搜尋「家協偵探社」

YouTube：搜尋「家協偵探社」

築夢者心法

思維探討：甚麼是天命？甚麼是這一生該做的事？你又該以甚麼標準來定義你做得是對或錯？

築夢銘言：當因緣俱足我全力以赴，緣起緣滅，心裡也不生波瀾。

一個用生命追夢的靈魂醫者

黃于邵

Jerry 的天命：一位出生於台灣的醫者如何創造自己的脊椎療法揚名國際？

Jerry 能夠看到大多數人看不到的東西。他能夠看到每個人的氣場和健康狀況，並且能夠用他的雙手幫

助他們。但是他的天賦在他的故鄉卻沒有得到認可，反而被視為騙子或邪教領袖。他是如何發現自己的天命，並且成為世界知名的療癒者的呢？

◈ 一個上承天命的奇人

目前旗下有三個品牌的 Jerry，坦言他想要助人，但在台灣，他的「專業」卻無法被公開認可。然而，在海外，他卻受到高度肯定，不僅在中國有行醫據點，在美國也得到媒體專題報導。

Jerry 的三個品牌中，最主要跟大眾有關的，叫做黃御華脊。顧名思義，這是一門跟脊椎有關的專業。但如果要具體定義，這其實是一門無法歸類的學門，非中醫非西醫，勉強可以列入民間傳統療法。不過這門技藝並非源自甚麼【黃帝內經】、【本草綱目】等等，事實上，這是 Jerry 獨創的，也就是說，他是黃御華脊的創建祖師爺。

說到這裡，你可能會聯想到甚麼邪教、宮廟詐財等等。然而正好相反地，一般若行邪魔歪道的勾當，目的不外乎是要騙財騙色，可是黃御華脊呢？

當初為何會投入這一「行」？

Jerry 會說，這是緣自天命。

他沒有精神疾病，並且經歷過專業醫學的培訓。

在平常也是有機會就參與各種商會，也有註冊自己的事業。他是個再正常不過的人。在一般社交場合他也謹守「不讓人心生恐懼」的原則。除非雙方有深聊，否則他也就跟大家一樣「子不語」。

但當你跟他深聊，緣分到了，他就會談到他的「天命」。

甚麼是天命？一般談起天命，總讓人覺得非常八股傳統，只有民智未開的古時候，才有甚麼「祭天儀式、上承天命」云云。但換個角度來說，一個人天生就有畫畫的天分、一個人天生就可以在運動場上健步如飛，那算不算「天命」？不完全是，那算是「天賦」。但一個有天賦的人若這輩子從事的是跟他天賦專長無關的事，大家一定都會覺得可惜。

至於 Jerry 說的天命，又比天賦更要高一層，就是說不只自己天賦異稟，並且還能真的聽到「另一種聲音」，要他這一生去從事某項「任務」。

其實在科學昌明的今天，身心靈學也已經發展到很多元及深入。當我們上身心靈課程時，若導師要你傾聽自己「內心的聲音」，或者還有透過催眠看前

世今生，乃至於找到自己的靈魂藍圖等等，這些都已是世人認可的，並且是要有很高階修行，才能「悟道」。

以這樣的角度來說，又怎麼指稱 Jerry 的天命是屬於怪力亂神呢？

難道只因為他出身跟宮廟相關的家族嗎？

想通這樣的道理，就可以「平常心」跟 Jerry 聊人生大事。

◈ **特殊靈異體質不代表可以找到人生方向**

Jerry 是怎樣的人呢？他是個從小就有特殊靈異體質的人。

我們都知道身邊偶爾也會遇到這樣的人，你可能內心悄悄 O.S 著：他可能是幻聽或者甚麼精神官能症之類的。但也不可否認，身邊有許多有靈異體質的人，依然在不同領域有所成就。有的是企業家，有的是社團精神領袖，並且許多也都是經營事業有成的典範。

Jerry 的特殊靈異體質，不需要經過甚麼開天眼

儀式。他從小就能看到「異象」。因此當他跟人聚會，除非經過對方允許，否則不太會主動口出「警言」。想想，當你跟朋友吃飯，對方用很嚴肅地目光看著你，說你身體出狀況了（暗示說你罹癌，甚至看到你元神虛弱，可能命不久矣），那你還能一切如常的過日子嗎？

Jerry 也知道這個道理，所以除非「因緣俱足」，那他才會願意犧牲「洩漏天機」。

所謂靈異體質，有不同的狀況：有人是可以清楚地看見「另一個世界」的人（這裡包含神、鬼、妖魔），有人只能感受到有異世界跟現實世界交疊（較專業術語叫做「磁場干擾」）。而以 Jerry 來說，他從小不只可以看到神鬼等非人界的存在，並且還能感受到一個人的「靈氣」。在他眼中，每個人都是個「發光體」。此所以他可以看到每個人靈氣是否旺盛？還有哪個器官出問題了？

就想像成自己去做體檢好了，透過醫學儀器不是可以檢測出身體哪裡指數異常，甚至直接看到哪裡長腫瘤哪裡發炎等等？而當醫師尚未公布健檢結果前，

大家不是都內心忐忑不安，當看到醫師皺個眉頭，病患就嚇得半死？其實當面對 Jerry 也是這種心境，只不過他的「技能」尚無法被現代科學接受，會被視為怪力亂神而已。

總之，Jerry 小時候就已經可以看見異象，這算是他的天賦，但當時不是他的天命。

畢竟身為一個孩子，他也跟其他少年一般，有著少年維特的煩惱，以及對生涯的迷惘。

甚至在這方面，他是比較晚熟的，直到念高中都還是完全不知道自己的人生志向，不知道自己喜歡理工還是文史哲，當時也沒甚麼特殊專長及興趣。

當一個人對人生很迷惘時，身邊周遭的人就很重要。

因此最早在 Jerry 心中種下了類似夢想藍圖的人，就是他的阿公。

以下情節真的很怪力亂神，但 Jerry 只是述說他真實的經歷，一切千真萬確。

◈ 阿公生前的教誨

Jerry 的家族（父方母方原生家庭都一樣生長在漁村）跟宮廟有密切因緣。

家中不只一個長輩是乩身。不同於一般我們看電視電影裏頭把廟公或乩童塑造的負面形象，其實多半時候，乩身做事很耗體力，並且經常是義務性付出。像是 Jerry 的祖輩，生長在漁村，家家戶戶都是窮苦人家。像是幫孩子收驚或者家中哪裡煞到，當請乩身作法後，也不太可能拿出甚麼謝儀。頂多就是跪在地上磕頭感謝救命之恩等等的。

因此 Jerry 從很小就看到自己的阿公，都在助人。甚至他覺得這是天經地義的事。直到今天 Jerry 做事都是以助人利他為使命。至於金錢，他從來只覺得只要夠用就好。他也相信「關鍵時刻」若有需要用錢，上天自會透過某些管道送錢過來。

也真的 Jerry 雖然經常無私利他助人，他也從來不去做甚麼行銷，但他還是逐步建立起自己的口碑，特別是在海外。總之，該用錢的時候，錢就自然而然會出現。

回過頭來聊 Jerry 小時候的親身經歷。

Jerry 的阿公是個乩身，但「民間正職」只是個苦哈哈的漁民。

他印象很深刻的，有天阿公通知家族中所有的人，說他幾月幾號哪一個時辰即將往生（講的語氣很平常，就好像是通知他幾月幾號準備搭車去旅行一樣）。

到了那一天，家族男女老少也都真的齊聚一堂。那時根本就是慶生的氛圍，也沒有半點哀戚。而阿公看來也是氣色不錯，跟大家談笑風生的。

但天命就是天命。「時辰一到」阿公要起駕了。也就是前一分鐘還在聊某家的孫子乖不乖，下一分鐘，阿公臉色安詳面帶笑意地，眼睛一閉，垂下頭來，就這樣，他往生了。

這種情況對於一般人來說，可能很難理解。怎麼會有人知道自己什麼時候要死？而且還能如此平靜地面對？但對於 Jerry 來說，這是他阿公留給他最深刻的教誨之一「無懼的面對死亡」。

「人生無常，死亡無可避免。重要的是你活著的

時候做了什麼？你有沒有盡力完成你的天命？你有沒有讓自己和別人快樂？」這些話是阿公在生前對 Jerry 說的。當時 Jerry 還是個孩子，並沒有完全理解阿公的意思。但隨著年紀漸長，他漸漸明白了阿公的智慧和境界。

阿公不只教給 Jerry 關於死亡的態度，還教給他關於生命的奧秘。阿公告訴 Jerry，他有著特殊靈異體質，能夠看到別人看不到的東西。這是上天賜給他的天賦，也是他的責任。阿公說：「你不要害怕你看到的東西。你要學會跟它們相處。你要用你的心去感受它們。你要用你的手去幫助它們。你要用你的愛去包容它們。這些都是你的天賦，也是你的天命。你要好好學習，好好運用。你要幫助那些需要你的人。你要讓這個世界更美好。」

阿公的話深深地印在 Jerry 的心中。他從小就開始跟隨阿公學習，並且實踐他的教導。他發現自己真的有著不同凡響的能力，能夠看到別人看不到的東西，能夠幫助別人治不好的病，能夠改變別人改不了的命運。他也發現自己真的有著不同凡響的使命，能

夠幫助那些需要他的人，能夠讓這個世界更美好。

但他也發現自己真的有著不同凡響的困境，因為他的能力和使命，在這個世界上並不被理解和接受。他遭遇了許多的挑戰和困難，從家庭到社會，從文化到法律，從信仰到科學。他曾經迷惘過，曾經傷心過，曾經想放棄過。

◇ 要幫助比自己更苦的人

但每當他想起阿公的話，每當他看到那些因為他而得到幫助和快樂的人，每當他感受到那些來自另一個世界的聲音和指引，他就會重新振作起來。他就會堅持走下去。他就會相信自己的天命。

這就是 Jerry 的故事。一個有著特殊靈異體質、創造了自己的脊椎療法、在世界各地散播愛與光明的台灣醫者。

你是否對他感到佩服和好奇？你是否想要知道更多關於他的事情？你是否想要親身體驗他的黃御華脊？

如果你有這樣的想法，那就跟我一起來探索 Jerry 的天命吧！

　　Jerry 的阿公不僅能預知自己離世的時刻，還告訴了他的「下一站」。Jerry 記得是阿公親口說的，他清楚地知道阿公現在是高雄林園某個宮廟的「駐廟神」，他也經常去那裡拜訪。

　　Jerry 和阿公一樣，有著特殊體質，如果要說「傳承」，他本應繼承阿公的乩身之職，但家人堅決反對，甚至在沒有特殊祭典的時候，都不讓小時候的 Jerry 接近宮廟。因為「這一行」太過艱辛，有時候有人來求助或解決私事，會恭敬地送上一個紅包，阿公卻會把裡面的錢拿出來，直接還給對方，只留下紅包袋。但 Jerry 家裡也不富裕，父母從事漁業，收入不穩定，Jerry 家長輩就問阿公：「我們自己都不夠用了，你為什麼還要把紅包錢退給人家？」阿公當時的話，Jerry 至今仍深深刻印靈魂深處。阿公說：「我們雖然苦，但別人比我們更苦，否則他們怎麼會來找我們幫忙？」從此以後，Jerry 就用菩提心看待所有的人，他知道除非迫不得已，否則誰會來求他？就像沒有人會無病無

災就常去醫院一樣。也正是因為這樣的信念，雖然那時候 Jerry 還沒有找到自己的志向，但他卻很清楚助人是「天經地義」的事情。這也是為什麼現在很多人都對他十分尊敬，所以 Jerry 在台灣各地都有自己的基地，很多場所都是曾受過他幫助的人無償提供給他使用。

但就算在這時候，Jerry 還不知道自己的天命是什麼。直到有一天發生了一件事情，一件關乎生死存亡的事情。

◈ 走過瀕臨死亡經驗

Jerry 曾經死過一次。這不是什麼迷信或虛構的故事，而是真實發生過的事實。醫院有紀錄證明他曾經停止呼吸和心跳一段時間，後來才被救活過來。

高中畢業後，因為不知道自己該做什麼，所以 Jerry 就像許多鄉下青年一樣，選擇先去服兵役再說。

在軍中，當然就是不斷地訓練，Jerry 雖然有特殊靈異體質，但並不代表他身體素質很好。有一次他受不了訓練，在行軍中暈倒了。在軍中這也不是什麼

大事，沒有送到民間醫院，只在行軍營帳的臨時醫務室，由一個少尉醫官幫他治療。年輕的醫官拿出阿斯匹靈給他吃，Jerry 雖然身體虛弱，但還是堅決反對，說他對這種藥物過敏，吃了會出人命。但醫官可能覺得自己比較專業，也想幫助病人，Jerry 也沒有力氣再爭辯，為不違抗軍令勉強把藥吞下去了。結果不到一分鐘 Jerry 就發生了嚴重的過敏反應，眼睛翻白，口吐白沫，最後停止呼吸和心跳。

後來現實世界裡發生了什麼事情，Jerry 完全沒有印象。當他再次清醒過來，已經躺在大醫院的加護病房裡了。

但他卻清楚地記得「另一個世界」的事情。原來當他昏迷後靈魂離開了身體，首先來到一個像宮殿般的私人住所（其實就是他自己的元辰宮），然後他在一片寧靜祥和的氛圍中，像漫步花園般，欣賞美景聽天籟。殿外有一片柔和的光芒，像棉花般讓人想要窩進去的舒適光雲。Jerry 就順著光亮的方向走去。

如果他就這樣走下去，那 Jerry 可能就真的去成仙成佛或投胎轉世等等。但就在這時候，Jerry 清楚地

聽到一個「天音」。那不是用語言表達的聲音，而是一種直接傳入心靈的「溝通」。那天音告訴他，他還有未完成的使命需要承擔，要他趕快回頭。

「回頭」的念頭一浮現，Jerry 立刻就恢復了意識。他眼前的景物急速變化，出現一道強光，他不禁閉上眼睛。等到他再睜開眼睛時，就已經回到了人間，全身癱軟躺在病床上。

就這樣，Jerry 從此對死亡毫無恐懼，也明白了自己的天命是什麼。

雖然在死後的世界沒有神明明確指示他該做什麼，但 Jerry 就是知道他必須走向濟世救人這條路。

這個訊息如此確定，就像當初他當兵抽籤時被分配到哪個單位一樣清楚明白。

於是退伍後，Jerry 就去考醫學院。

◆ **看到醫學的局限**

考上醫學院容易嗎？當然不容易。其實 Jerry 從小並不是很聰明的學生，高中畢業後去當兵，也沒有讀書的環境。但當他心中有了目標，他就努力地準備

考試，終於考上了醫學院。

　　他以為他的使命就是行醫，而要行醫就必須要有醫學學位。但到了醫學院，有了實習的機會，他才發現很多令他無法接受的現實。簡單來說，很多醫療的做法受到法律的限制，即使一個人真心想幫助別人，有時候也會感到束手束腳。

　　那時候，Jerry 跟著自己的教授，在診所服務。說是實習，其實也像是廉價的醫療勞工。不過 Jerry 不在乎，他只覺得這是一個可以幫助別人的地方。而且像是有「神助」一般，在那段實習期間，Jerry 站在基本的醫學和身體結構的知識上，突然有了一種靈感，「看到」了一種人體的脈絡。那種感覺很難用言語形容，總之不是傳統的經脈穴道認穴定位那麼簡單，Jerry 找到了一種跟脊椎連動的脈絡（但也很遺憾地，只有像他這樣的天眼通才能看到，所以他無法教授傳承）。就這樣他以黃御華脊創始人的身分，因緣俱足下就對人施展他的奇術。

　　這是一種不需要開刀使用器具或吃藥的技術，過程中也不會違反任何醫療法規。以骨折患者來說，

Jerry 可以透過他的技術,不需要碰觸傷口,只要抓住相關部位的連動點,他就可以讓患者的骨折快速癒合。當然,在接骨之前還是要做基本的處理,但後續的療程就跟傳統中西醫不同了。他的速度之快,在醫療院所已經傳開了。有些病人甚至「指定」要由 Jerry 處理。他就很方便地被借調到各地醫療院所。

Jerry 以為他加快了病人康復的速度,算是立了大功,醫院院長應該表揚他才對。沒想到有一天院長嚴肅地叫 Jerry 過來,然後嚴厲地警告他,說他的方式非正規,不能再施行了,只能用傳統方式。

這件事讓 Jerry 感到非常沮喪,他原以為所有的醫者都是仁心仁術,沒想到很多事情不是想做就能做,就算是幫助別人也一樣。

失望的 Jerry 做了一件讓大家驚訝的事:他竟然離開醫院了。因為對 Jerry 來說,第一,他看到了這個國家對行業的局限,他不想以後進入這樣的體制,無法發揮自己的能力,辜負了上天給予的天賦。第二,他已經學到了基本的醫學知識,真正能讓病人康復的技術,其他國家也有,所以 Jerry 選擇出國精進,四海為家懸壺濟世,隨著命運的安排,遨遊四海想到哪

裡就去哪裡幫助別人，做個自由自在瀟灑的醫者。

◈ 看到人生的另一個面向

　　身為一個奇人，Jerry 不在乎名利，也不在意得失。

　　他不在乎名利，因為他的心中只有濟世救人。他繼承了阿公的德澤，不分貧富貴賤，只要有人需要他的幫助，他就會義不容辭地伸出援手。他不在乎名利，也因為他的身份不允許他高調。作為一個非正規的醫者，他無法公開宣傳自己的神奇技能，只能隱姓埋名地雲遊四海，用自己的雙手創造無數的奇蹟。他在中國有自己的脊療中心，但經常受邀到世界各國幫助人。對於西方人來說，他們並不清楚中醫經絡針灸拔罐等細節，所以他們也不會去質疑 Jerry 的資格和證書，只要能夠得到有效的治療，他們就會感激不盡。

　　他不在意得失，因為他的心中只有隨緣。他知道自己有一種特殊的天賦，可以看到許多人看不到的事物，也可以做到許多人做不到的事情。但他也知道這種天賦並非無限無敵，也有它的局限和代價。他曾經親眼目睹過自己的阿公和父親如何因為這種天賦而遭

受苦難和孤寂，甚至最終離開這個世界，成為神明。他曾經滿懷孺慕之情地尋找自己父親在天之靈所在的宮廟，卻得到了冷漠和拒絕的回應。他父親告訴他，在這一世他們是父子，過了這一世就沒有關係了。所謂的親情、友情、愛情，在時間和空間的轉換下，都可能變成過眼雲煙。所以 Jerry 不會太執著於任何事物，只會盡力而為，然後順其自然。

就這樣，Jerry 離開台灣後，四處助人已經超過二十年。

他的各種助人神蹟，許多名人都是見證者和受益者。例如網紅內衣教母廖明珍、台南藝術大學音樂系教授婭力木、喜上眉梢國際美學創辦人蔡旻君、DFP領袖學院院長徐壽鴻等等。這些人都是產業界或學術界高知識分子，他們也都公開讚揚透過 Jerry 的協助，讓自己原本多年難治的病症，得到奇蹟般的症狀消除或大幅改善。Jerry 的治療方式，既非侵入式，又能達到顯著的效果。他不僅可以治癒骨骼筋肉的問題，甚至可以療治內臟出問題的人，包含有人癌症或其他重症，他也可以挽救對方性命。因此被稱為是神人，也

被專題報導。

　　Jerry 後來陸續發展出其他品牌，但主力還是在海外。他在美國醫美界也有一定的名聲，最初他其實只是透過自己的技能，幫助一些好比說車禍導致顏面受傷的人，面部傷處早日復原。可是無意間，人們發現，Jerry 不只可以做傷者顏面復健，甚至復健後的肌膚還比原先更有光澤。這可神奇了，因此很多貴婦們把他當成醫美醫師，她們臉部沒有傷殘，但希望透過 Jerry 的巧手，可以達到抗老美化的效果。對 Jerry 來說，意外開發出的貴婦市場，至少讓他有更多資金進帳。因為貴婦們花錢不手軟的，Jerry 不貪財，但如果因此有比較多的經費，讓他可以投入心力去幫助弱勢，那錢多也沒有不好。

　　Jerry 的夢想就是承接天命，這部分他做到了。至於未來的路會如何？不忮不求的他，認為一切隨緣。

　　相信對讀者來說，特別是已經閱讀過前面築夢系列 1, 2, 3 的讀者，他們看過各式各樣的築夢方式，也認識不同產業的菁英。但對於像是 Jerry 這樣的奇人，真的身邊周遭應該沒有看過。他是一個超越常規、超越世俗、超越自我、超越時間空間的存在。他用自己的生命和天賦，在這個世界上留下了無數的奇蹟和感動。

思維探討：如果覺得大家都對不起妳，是因為自己的運勢太差嗎？如果本身命不好，那人生還有甚麼希望？

築夢銘言：喚醒內在那份非常神聖的美，就能找回原本的自己

帶來幸福的親密關係擺渡人

李冬梅

婆媳問題自古以來就是一個難以化解的家庭問題。

其實何止婆媳關係？夫妻關係也是家家有本難念的經，包含親子關係、手足關係，一切親緣關係都難免有齟齬，更何況親緣關係以外的各種人際關係。

而如果再加上兩岸文化的不同，其帶來的衝突更

加錯綜複雜。

當處在一段不好的關係中，會覺得人生很痛苦。

有時想掉頭離開，實際上又知道這不太可能。

一段不好的關係往往又衍伸到其他人際關係也都不好。

心有千千結，越纏越煩心，

難道注定要忍受苦楚過一生嗎？

然而有一個女子她成功突破了困境，

不僅可以化解千千結，並且能夠渡己又渡人，

她就是人稱「親密關係擺渡人」，李冬梅老師。

本篇就來看冬梅老師的心靈成長，

她如何轉念迎來海闊天空的心路歷程。

◈ 曾經她度過煎熬的二十年

雖然已經嫁來台灣超過三十年，但一開口人們還是立刻知道她不是本地人，畢竟有些事是一輩子伴隨著自身的，例如血統、遺傳特質、根深柢固的原鄉文化情緣、以及從小建立起來的信仰、習慣以及講話口音等等。

但個性呢？思想觀念呢？還有對人對事的價值觀，也都無法改變嗎？

長久以來學者的觀察研究，「個性不合」一直是導致離婚的主因之一，事實上「個性不合」也是情侶分手、員工離職、以及各種場域發生吵架的主要原因。如果「個性」是不可改變的，就如同那句俗諺「江山易改本性難移」所闡述，那是否代表各種爭執、分手、離異、還有人與人間的種種不愉快，都是不可避免的？

真的是這樣嗎？

「與人相處的不愉快」，正是李冬梅過往以來的寫照，曾經有長達二十年的時間，李冬梅苦於與先生

不合、與婆家不合、甚至也與自己的孩子不合，那種必須與朝夕相處的對象爭吵冷戰，不知有好幾百次真的想轉身離開一走了之的心情，讓生命歷程像是種煎熬，甚至要形容說是人間地獄，也不覺得太過。

　　這就是冬梅四十歲以前的人生，特別是當年她孤身由中國嫁來台灣，人生地不熟，不但舉目無親，並且因法令規範，最初幾年連身分證也沒有，往外發展寸步難行，在家又覺無人相挺，最低潮時候，也曾動起輕生的念頭。

　　然而，也正因為冬梅自己經歷過這樣的遭遇，後來她終於悟到人生最珍貴的轉念真諦時，她才可以百分百做到將心比心地與人們談心解惑。那是種真正可以讓人放心託付的溫暖，人們在她面前可以毫無保留的傾吐心事，因為人們看到她的真誠，也知道她真的可以「聽懂」詢問者的心。

　　某個層面來說，**這像是上天賦予她的一種使命，就如同當年佛陀以及耶穌，也都是先經歷過人間的疾苦，才能做到苦民所苦。**

經歷了遠隔重洋離家遙遙，以及嫁入夫家後的種種不愉快，也正是屬於冬梅的歷練，**最終她才終於知道沒有絕對的「誰對誰錯」，不是誰誰誰對自己不好，更不是她命不好淪落人間親情苦役。一切都看自己的心怎麼看待這個世界。**

要了解冬梅後來怎樣去去面對人與人間的關係？

這裡還是先從她嫁入台灣，定居在高雄那年講起。

◈ 遠嫁台灣只想擺脫不快樂

冬梅是在二十三歲那年嫁來台灣，和先生認識是透過相親，在結婚前見面次數並不多，只知道他看起來是個老實人，並且夫家和自己家一般，父親都是出身軍人背景，覺得應該適合自己。

當年冬梅會選擇嫁到離家遙遙的海峽另一端，其實背後尚有一個原因：那就是她想追求不一樣的人生，否則以她那時在銀行服務，這樣捧著金飯碗的工作是人們夢寐以求的，怎會輕易離職嫁到一個她連求職身分都不具備的島嶼？

那年是 1992 年，也正是兩岸開放不久的事，那時候，對比於中國來說，台灣的確相對仍是比較富裕且看來充滿商機的，以陸配來說，冬梅算是開放後最早來台的一批。

　　冬梅是在中國東北出生，父親是職業軍人，後來因為父親移防，才舉家搬遷到南京定居。

　　讓冬梅想要離開老家南京，母親是個關鍵因素，冬梅覺得自己的母親真的是充滿負能量。由於父親長年不在家，母親一個人要照顧家中三個小孩，並且都是女孩，於是母親一天到晚抱怨她經營這個家有多苦多累，會到處跟人訴苦這個家裡平常都沒男人，所以她是如何如何地被欺負。

　　總之冬梅從小就天天被母親這樣的抱怨聲洗腦，也總覺得都是別人家在欺負咱家，同時也逐漸覺得自己變得卑微，不論是自我價值肯定度、還有對外界社會認同度，都偏向負面思考。

　　其實要細究起來，李家既不是貧困弱勢，也沒遭逢甚麼經濟困境，母親自己也在社會上有正職工作，家中狀況也就是小康，但就是因為母親經常性的抱怨

訴苦，感覺上好像生活就真的不那麼快樂。

包括冬梅自己後來念書以及考取銀行工作，自身的各項成績也都不錯，她在銀行的業績也都被肯定。可是當負面思維已經成為一種習慣，那就像在心裡已種下一棵名為不快樂的種子，不管外在世界有甚麼喜樂歡笑，內心總有辦法看到事情不好的那一面。

所以在二十三歲結婚前，冬梅人生沒甚麼大事，但她就是感到不快樂，也因此她一有機會可以遠嫁台灣，其實內心沒經過甚麼掙扎，很快地她就選擇離開那個充滿負能量的地方，希望可以渡海獲得新生。

但如果說那棵名為「不快樂」的樹已經長成於內心，那麼不論去到天涯海角，她還是不快樂，因為人可以離開一塊土地，但人無法離開自己的心。

所以當冬梅嫁來台灣，迎接她的是人生另一階段的不快樂。

◈ 外人看到的亮麗，卻是當事人的苦悶煩惱

二十三歲，非常年輕，人生充滿各種可能。夫家

在高雄，雖不算有錢人家，但家境也算小康，先生如同冬梅原先判斷的，就真的是個老實人，對她也算體貼。後來夫妻倆孕育了兩個新生命，雖然剛來台前七年冬梅無法謀職，但夫家有經營一家地方型的超商，就讓冬梅當店長。

整個表象看起來很不錯，甚至可以說冬梅有著幸福家庭快樂人生。

只是任何事都有兩個面向，外人覺得很不錯的事，卻可能正是冬梅不喜歡的。以先生的個性來說，的確在初相遇相戀時候，老實的個性是很大的優點，但婚後她也發現，老實的另一面就是沒有主見，也缺乏冬梅希望一個男人擁有的事業心以及生活創意，更糟的是，老實的人經常也會是個孝順的人，孝順是好事，但當先生變成一個「唯母命是從」的媽寶，對做媳婦的人來說，卻絕對是種家庭苦難。

一次又一次的，先生要她聽媽的話，每天都聽先生轉述「媽說要如何」，或者「這件事他無法決定，要問媽」。這讓冬梅非常不能接受。

《孟子》〈離婁下篇〉中的一句話「良人者，所仰望而終身也，今若此！」正是冬梅嫁來台灣後的心境，在舉目無親的台灣，原本唯一可以倚靠的先生，卻無法跟自己站在同一邊，好像聯合整個夫家都來欺負她，這讓冬梅覺得才二十幾歲但人生就已經快速由彩色褪色為黑白。

　　工作方面，所謂「店長」，名義上好聽，但那只是家連員工都沒有的超商，只有配合淡旺季才彈性聘請時薪工作人員。每天從早到晚，冬梅既要操理所有店內進貨出貨財務收支以及整理貨架等事務，還須同時照顧家裡的兩個小孩，而且每天超時工作卻沒有任何薪資報酬，因為這是「自家」的生意。

　　這同樣是一體兩面的問題：外人看她是一家店的負責人，但冬梅卻覺得她是被囚禁在一個永無天日的牢籠。每天被困在同樣的環境，甚至比一般家庭主婦還不自由，她連要去洗個頭都得「請假」找人代班或暫時拉下店門。

　　這樣的生活她最終撐不下去了，一等她拿到台灣核發的身分證，就立刻表明要自己外出找工作，這也

加深了她跟夫家的不愉快。雙方更呈現對立關係，一方覺得這媳婦怎麼如此不聽話？自家事業不經營偏要跑去別處打工。一方則覺得她實在受夠了，這個家庭要壓榨她到幾時？如果可以，她真的想要離婚重新再來。

而更讓情況雪上加霜的，冬梅的父親突然離世了。

冬梅從小就很黏父親，他幾乎是冬梅在人間最大的依靠，當父親走了，冬梅也整個人崩潰了。

◈ 價值觀不同相處必然碰壁

這就是為何俗諺說「家家有本難念的經」？

因為當價值觀不同，看事情角度不同，產生的看法就會南轅北轍。因此當我們評判一個人，怎麼會如何如何？其實都只是站在一種「自我主觀」角度的審判，也許某件事大部分人都有相同價值，但也依然不能被視作「全體共通」標準，除非是牽涉到公眾的例如法律侵權等事務，否則像是純個人行事作風，或者

當事人的家務事，外人真的無法真正保證公正地加以置喙。

冬梅所碰到的問題，她的想法無法被夫家理解，而對一個女人來說，她感到最悲哀的是生命中最重要的三個男人：父親已經過世，先生無法站在自己同一邊，兒子也難以溝通。

這種日子實在痛苦，無怪乎冬梅日日以淚洗面。

平心而論，冬梅所碰到的問題，真的主要是溝通問題，背後經常有爭吵，但並沒有甚麼家暴；跟婆婆不合，但也不算被霸凌。說起來，問題根源就在於價值觀上有很大差異。

先生的出身是典型的台灣傳統家族，而剛好先生又是這家族的長子還兼長孫，可想而知他從小就被賦予很大的傳承使命，也養成他以家為重，甚至他理所當然地認為冬梅就該有「長媳」的樣子，聽從家訓是天經地義的。而冬梅在南京老家是么女，基本上算是被照顧呵護長大的，不需要扛甚麼家族義務責任，也從來不願意被歸類自己是「誰的人」，她覺得自己是

個有尊嚴的個體，不是任何人的財產。

這兩個觀點可說完全相反，因此夫妻誰也不可能對另一方退讓。

其導致的爭執不愉快，就算十年二十年也不可能化解。

也真的，冬梅嫁來台灣後，鬱鬱寡歡，時而以淚洗面，時而失意消沉，整整二十年。

如果就這樣下去，那也就不會有本篇文章的誕生。

最終，冬梅是怎樣走出一條康莊大道？並且由一個典型怨婦，如今成為幫助無數人的心靈導師？

心病還需心藥醫。

過往對於任何的打擊和不愉快，冬梅都把矛頭指向外界，其實某種層面她變成跟自己的母親一樣，已經成為一個負能量體而不自知。透過怪罪別人，想依賴外界的「認錯」帶來「改變」，那無異緣木求魚。所以冬梅持續不快樂二十年，始終無法脫離黑白人生

命運。

直到她找到正確方向：原來答案不在外面，而在自己內心。

從心出發，一切困惑壓抑不滿種種問題才得以迎刃而解，讓人生撥雲見日。

◆ **找到通往美麗世界的正確方向**

也許是上天覺得給予冬梅的考驗夠了，也許是一種悲痛到極點，讓她不得不振作，否則將不斷沉淪不知伊于胡底。

總之冬梅開始尋找除了自怨自艾以外的人生態度。

讓冬梅開始改變的關鍵，是父親的過世。

當時因為太過憂傷，冬梅必須尋求心靈方面的慰助，也在那樣時候，她開始正式去認識關於省視內心的種種智慧，也因為對這領域產生興趣，後來她投入這方面學習，至今十多年。

就以這樣讓自己心靈復甦的熱誠與興趣為基礎，

冬梅腳踏實地，且求知若渴地，四季不斷地在身心靈領域勤學修行，包含遠赴其他國家親自跟大師上課，也取得多樣證照。

最早開始上課的時候，她還在婚紗業服務，那是冬梅離開自家超商後，真正以自己台灣身分證取得的第一個工作，她在這個產業服務超過十年，直到後來確認自己要投入身心靈服務這個職業，才在疫情期間離職。

其實初始在婚紗公司服務她也依然不快樂，畢竟還是那句話：心中已種下不快樂的種子，怎麼看外界就是能看到不愉快的一面。冬梅當時只為了逃離超商工作，而受邀去朋友的公司上班，內心裡她卻覺得從事這工作是很卑微的，她覺得人家都是二十幾歲美眉在做這行，自己三十好幾的婦人，做這行好像在搶年輕人工作。加上家人也對她上班這件事感到不滿，所以每天也是抱著鬱鬱寡歡的心去上班。

但畢竟是婚紗公司，每天見到的都是即將步入禮堂的新人，她不論如何也必須面帶微笑，加上心中強

烈地想要靠自己賺錢，爭取更多的自由。就這樣撐過第一個月第二個月，後來竟也一年年地待了下來，還升任主管負責帶領新進人員。

直到父親離世了，冬梅開始尋求各種心靈的慰藉，一開始上些簡單的自我療癒課，學會如何看塔羅牌卡，也試著藉由牌卡做自我解析。

表面這些牌卡很神祕，好像是神明給予的人生開示，但其實那是一道開啟通往內心的秘門，所有的解析不是上帝告訴抽牌者答案，而是抽牌者自己終於願意靜下來跟自己內心對話。

其實所有的一切，包括課堂、導師，還有各種靈修工具，都只是一種通往自己內心的工具。全世界的人都可以以某種方式幫助她，但最終唯有自己可以療癒自己，因為只有自己可以走進那最深的內心世界。

當然初學者及一般民眾，因為不懂看牌及工具，一定需要有導師或教練來做指引解說。

◈ 外在世界來自內在的映照

曾經對外怒吼，大喊世界對自己不公。

現在冬梅累了，卻無意間找到人生的真理：

通往美麗世界的路，不是朝東西南北任一個方向，而是先往內心的原點走，這樣才能通往所有方向。

冬梅的經歷讓我們想起禪宗【六祖壇經】惠能祖師的名言：「不是風動，不是幡動，而是你的心在動。」

冬梅不斷的學習，但外在世界有自己的節奏，並不會因為冬梅的改變而改變，冬梅的夫家，她的先生及婆婆及孩子，其實都還是原來的樣子。

但當冬梅的心念轉變，她真的改變了全世界。

那是漸悟的過程，不知是哪一天，冬梅真的打從心底認知到一件事：

所有外在發生的一切，都只是映照你的內在。

具體來說，你內心認定人心黑暗，覺得大家都只想欺壓別人，那你就真的會看到身邊周遭都是霸凌、都是不公不義。

長期以來冬梅的狀態不好，那就好比她處在一個有輻射公安危險的環境，但為何有這樣的環境？源頭卻是來自她心中的反射，她就是那個輻射源。長期以來她所抱怨的對象，其實都只是被負面輻射感染的一個個受體，她想解決問題卻只去面對這樣一個個受感染的個體，自然不會有結果。

　　那源頭到底是怎樣的呢？

　　在經過更深入的自我追尋，冬梅看到自己原來是個從小缺乏自信，內在沒安全感的女孩，因此她看到的世界也都非常讓她沒安全感，她有強大的依賴性，但人們當然不是為她而活，永遠無法符合她的安全標準。

　　從小母親給冬梅的教育，女人是卑微的。這就好像賦予她一個人生劇本，所有場景都已經寫好了，身為主人翁妳就必須照劇本演。

　　試想，如果你是一個舞台劇演員，你可以更改腳本嗎？不行，因為劇情都已經寫好了，不論妳如何賣力演出，若劇情設定是悲劇，妳就會活在悲劇裡。

冬梅找到了人生憂鬱悲傷的答案了，她可以怎麼做？

其實答案很簡單：「世上本無事，庸人自擾之」，每個人本來就可以為自己而活，不需要強制讓自己被設定成悲劇演員。

女人是否卑微？只有當自己認定卑微，那不論是男是女都會感到卑微。

也許母親成長的年代有那個時代的苦難，但不需要因此承繼母親的負能量，把自己活得那麼依賴別人的愛，如果別人無法把對自己的愛放在第一順位，她就感到不快樂。

不僅不要依賴別人的愛而活，
並且應該讓自己成為給予愛的人。

冬梅，決定反守為攻，曾經她處處在防這個世界，現在她要主動走向世界，並且對世界伸出一雙溫暖的手。

◈ 媽，我愛妳

記得上課時，導師曾問過冬梅一句話：妳希望妳老公是怎樣的人。當冬梅講出她心目中的要求，導師搖搖頭輕嘆說：妳啊！到底給老公設定了多少牢籠？

是啊！為何要限定先生一定要改變成自己心目中的樣子？那豈不是另一種形式的對他人霸凌？

冬梅知道自己成為怨婦很久很久了，但只要有心改變，任何時刻都不嫌晚。

導師協助冬梅找回女性溫柔的那一面。她也開始以全新的態度去面對自己的先生。

導師告訴冬梅：「妳就是親密關係的典範，當妳改變，很多事就改變。」

改變真的發生了。其實冬梅的先生還是原來的先生，只是過往冬梅只看到他缺點的那一面，人本來就沒有十全十美的，先生就還是那個木訥不知變通，也並非世俗眼中的強者，可是他始終都還是對冬梅很好，當初冬梅嫁的就是這樣的人，當初也是看中他的老實才嫁給他，為何忘記當初心中那種感覺呢？

現在冬梅開始學會尊重先生的本性，也真正懂得

去尊重先生的個性，支持先生生活中的興趣喜好。

改變不是一夕發生，但卻是以清晰的軌道讓大家感受到，具體來說，從試著關心另一半那一刻開始，兩人關係就起了化學變化。

先生本性沒有改變，卻因為自己妻子跟他互動方式改變了，他也就跟著妻子一起改變。從前三天兩頭吵架，現在每天如膠似漆，也經常出遊曬恩愛，這也讓認識他們的朋友艷羨地說，真難得有這樣的夫妻，都已經結婚三十年，仍像是新婚夫妻一般甜蜜。

而所謂人與人間的關係，也是一種連鎖反應關係。

如同從前夫妻關係不好，其他各種人際關係也都不好。現在，冬梅懂得珍惜自己先生的好，首先影響到的就是自己的婆婆，她不知道這個媳婦發生什麼事？只知道家裡好像從冬眠許久的寒冬走了出來，原來媳婦也可以是道太陽，帶來溫煦的春天。

後來冬梅專職投入身心靈的志業，工作室就設在自家的樓上。那天冬梅在工作室做冥想，突然內心湧

起一陣感動，她想起婆婆這些年來對她的照顧。一思及此，她立刻衝下樓，當時婆婆正在客廳，她就撲上去抱著婆婆，邊哭邊說著「媽，我愛妳」，婆婆久久不語，兩人抱著許久後來都說不話來，因為兩人都早已淚流滿面。

◈ 這世界真的可以因妳而改變

和婆婆後來成為無話不談像是姊妹淘般的朋友，經常一起去逛街買東西。同時間原本叛逆經常不在家的孩子，也感受到家中的溫暖，越來越喜歡回家，後來也變成一有事情都會來跟冬梅分享。

連曾經二十年彼此處於不愉快的婆婆，後來都可以成為朋友，那麼自己的母親呢？

那回冬梅也是刻意的想回南京找母親，冬梅想為母親重新做一次好好的連結。母親依然是原來的母親，看到女兒回家，她像錄放音機般把那些講述不知幾千遍的抱怨，又是從早到晚放送。從前冬梅聽到母親又在抱怨，她會厭倦地想逃開，但這回冬梅選擇真

正去認識母親，晚上她刻意跟母親一起睡，聽她聊從小的種種不如意，聽著聽著冬梅真的感受到當母親還是小女孩時，真的經歷過很多委屈，只是外人都無法感同身受，包括自己的女兒，也都不能用心傾聽。

但這回冬梅用心去傾聽也去理解了，她突然覺得母親的人生真的很辛苦，而自己從前卻無法體諒，冬梅覺得很心痛，抱著母親的背痛哭。母親反過來抱抱她：

沒事了，沒事了，我現在沒事了。

第二天母親完全變成一個人，好像返老還童般，感覺上連走路都像麻雀般輕盈地跳舞。冬梅不禁露出幸福的微笑，因為她知道母親多年的憂愁得到抒發了，母親感受到愛，內在世界改變外在世界也就改變，因此母女倆都找回遺失多年得幸福。

冬梅說：每個人都是可以改變的。就看你是否願意為了愛，找回自己的靈魂使命，活出自我本來該有的樣子。

人生劇本可以自己改寫，妳可以讓自己活出幸福

快樂。

　　如今，冬梅專職擔任身心靈的教練。單單以口耳相傳效應，她已經在南台灣有相當的名聲，被稱為是「親密關係擺渡人」。

　　會有這樣的封號，自然是因為冬梅曾經透過她的善念與溝通力，讓許多對怨偶，化解仇恨重新找回愛。她已經看過太多男男女女，原本帶著滿腔抱怨而來，最後卻急著回家找另一半，也找回當年相愛的那個理由。

　　人生苦短，要懂得珍惜，兩個人能夠相愛，還有結成親戚或朋友，都是一種緣分。珍惜這樣的情緣，當妳的心念轉化，妳的心美麗了，世界自然變得更美麗。

築夢進行曲 4 顯化豐盛，遇見未來
讓心想事成，美夢成真的 10 堂課

主　　編／林裕峯
美術編輯／達觀製書坊
責任編輯／twohorses
企畫選書人／賈俊國

總 編 輯／賈俊國
副總編輯／蘇士尹
行銷企畫／張莉滎　蕭羽猜　黃欣

發 行 人／何飛鵬
法律顧問／元禾法律事務所王子文律師
出　　版／布克文化出版事業部
　　　　　台北市中山區民生東路二段 141 號 8 樓
　　　　　電話：(02)2500-7008　傳真：(02)2502-7676
　　　　　Email：sbooker.service@cite.com.tw
發　　行／英屬蓋曼群島商家庭傳媒股份有限公司城邦分公司
　　　　　台北市中山區民生東路二段 141 號 2 樓
　　　　　書虫客服務專線：(02)2500-7718；2500-7719
　　　　　24 小時傳真專線：(02)2500-1990；2500-1991
　　　　　劃撥帳號：19863813；戶名：書虫股份有限公司
　　　　　讀者服務信箱：service@readingclub.com.tw
香港發行所／城邦（香港）出版集團有限公司
　　　　　香港灣仔駱克道 193 號東超商業中心 1 樓
　　　　　電話：+852-2508-6231　　傳真：+852-2578-9337
　　　　　Email：hkcite@biznetvigator.com
馬新發行所／城邦（馬新）出版集團 Cité (M) Sdn. Bhd.
　　　　　41, Jalan Radin Anum, Bandar Baru Sri Petaling,
　　　　　57000 Kuala Lumpur, Malaysia
　　　　　電話：+603- 9057-8822　　傳真：+603- 9057-6622
　　　　　Email：cite@cite.com.my
印　　刷／韋懋實業有限公司
初　　版／2023 年 9 月
定　　價／380 元
ＩＳＢＮ／978-626-7337-24-0
ＥＩＳＢＮ／9786267337233（EPUB）

城邦讀書花園　布克文化
www.cite.com.tw　WWW.SBOOKER.COM.TW